KINZAI バリュー叢書

ゼロからわかる

金融リスク管理

キャピタスコンサルティング株式会社
代表取締役
森本　祐司［著］

一般社団法人金融財政事情研究会

はじめに

本書は、一言でいえば金融のリスク管理に関する入門書なのだが、タイトル『ゼロからわかる金融リスク管理』のなかには重要なキーワードがいくつか込められている。

まずは「リスク」である。本書は当然ながらリスクに関する本である。リスクとは何か。それが第１章のテーマとなっている。リスクを扱うのは至難の業である。有名なピーター・バーンスタイン著『リスク』（日本経済新聞社、2001年）のサブタイトルは「神々への反逆」である（英語では"Against the Gods"）。それほどのものを扱わなければならない。こうすれば扱える、といった簡単なマニュアルなど存在するわけがない。

次に「管理」である。リスクを管理することについては第３章、およびそれ以降の章でたびたび扱っている。そこでも問うているのだが、「管理」にはどういうイメージがあるだろうか。まして、「リスク」を「管理」する、と聞いたら、どんなことをしているというふうに思われるだろうか。筆者としては、どうも「管理」という言葉のもつ響きを「リスク」と組み合わせるのは好きではない。それについては第３章６を読んでみてほしい。そして、本書のタイトルにある「管理」はそこに書かれている意味、すなわち経営そのものだ、と思っていただきたい。

さらにあと２つ、大事なキーワードがある。それが「ゼロから」と、「わかる」である。「ゼロ」は「原点」、つまり「物事を考えるうえでの出発点」ということだ。入門書だから出発点から考えるのは当然かもしれない。だが、それと同時に、リスク管理の「ゼロ」すなわち「原点」とは何か、ということを意識して執筆したつもりである。ここでいう「原点」は、換言すれば「原則」である。

そして「わかる」である。ここで大事なのは単に「知る」ではない、ということだ。しかも「ゼロから」、つまり「原則から」理解すること、そしてリスクの複雑さ、言い換えればリスク管理の限界などを理解することの大切さを込めている。

これらのことを意識して書き上げたリスク管理の入門書。結果として、わかりやすい本とはいえない仕上がりなのかもしれない。ノウハウや計測手法を教えてくれる本のほうが親切だし便利だと思われる方も多いだろう。それでも、「リスク」という難解な相手に立ち向かい、それを真の意味で「管理」することを「ゼロ」から「わかって」もらうための必要な要素はそれなりに散りばめたつもりである。

せっかく手にとっていただいたのだから、まずは本書を味わっていただければ、と思う。

2013年12月

キャピタスコンサルティング株式会社

代表取締役　**森本　祐司**

目　次

第1章　リスクとは何か？

第2章　リスクを計測する

第 3 章　リスクを管理する

第 4 章　望ましいリスク管理の姿

第 5 章　リスク管理の現状と課題

第1章

リスクとは何か？

この章では、リスクについて考えてみる。リスクの定義をきちんとしておかないと、リスクを管理するといっても、いったい何をどうすればよいかがあいまいになってしまうからである。

なお、本章で定義するリスクは、あくまでも金融関連のリスクを管理する際に活用できると考えているものである。世の中一般のリスクには当てはまらない場合もあるので、そこは別途注意しながらお読みいただきたい。

1 どんなことがリスクか？

実は、リスクの定義というものは容易ではない。一般的には「嫌なこと」「起こってほしくないこと」など、あまり望ましくないことを想起するだろう。たとえば、次のようなことについては、程度の差はあれ、「嫌だな」と思う方は多いのではないだろうか。もちろん、これらがすでに発生していた場合にはそれはリスクとは呼ばないだろうから、これらが発生する前の状態をイメージしてもらいたい。

・朝起きること
・地震が起こること
・情報が漏洩すること
・交通事故にあうこと
・苦手な知人に偶然会うこと
・空き巣や強盗にあうこと
・もっている株の価格が下落すること
・インフルエンザが流行すること

とはいえ、ここにあげたものすべてがリスクであるとはいえないように思われる。毎朝起きるのは（人やその状況によっても異なるのだが）嫌だなと思われることの１つ、という人も多いようだが、これもあまりリスクとは呼べそうにない。朝は生きている限り必ずやってくるので、「嫌なこと」ではあっても、起きることの面倒くささ、大変さは個人でなんとかしてもらうしかなく、朝が来て起きなければならないこと、というのはリスクとは考えないだろう（以下、「だから毎朝、生きていることの幸せを噛みしめよう」、といった人生訓的な話は別のところでどなたかにしていただくとして）。

言い換えれば、「起こるかどうか、それが不確定である」ということがリスクであることの１つの要素といえそうだ。嫌いもしくは苦手な方も多いかもしれないが、どうせ後で出てきてしまうので早めにその言葉を出しておくと、「確率」という概念が必要になる、ということである。

また、起こるかどうかが不確定なことという意味では、地震も起こってほしくないことの１つではあるが、震度２レベルであれば通常は大したことはないと考えるだろう（それはリスクとは普通呼ばないだろう。少なくとも日本では）。その意味では、起こったときのインパクトというか、影響度の大きさも１つの要素となろう。次に詳しく触れるが、震度について段階があるように、影響度も１つの度合いではなく、さまざまな度合いが組み合わさっているようなイメージであろう。

ということで、リスクというものはどうやら発生することが確定していなくて（ややこしくいえば確率的な事象であって）、発生した場合の影響度によってそのリスクが大きいとか、大したことないとか考えるものである、というようなフワッとした定義はできそうである。

2 影響度とは？

さて、影響度とは何か。これが容易ではない。リスクというものを考えるためには、影響度をなんらかの形で表したいのだが、これは一筋縄ではいかない問題である。

めったに会う可能性はないのだが、ちょっと苦手な知人がいたとする。その人に偶然会ってしまった場合、その日の気分は最悪かもしれない。これは精神的な意味での「起こってほしくないこと」、いわば精神的苦痛というものだろう。これも１つの影響である。個人情報が漏洩する、といったものも、直接的には精神的苦痛であろう。

一方、交通事故などにあったり、インフルエンザに感染してしまったりするなど、いわゆるケガや病気なども１つの影響となる。これらについては、リスクということを考える観点で重要な影響である。とはいうものの、この影響度を評価するのもなかなかむずかしい。民事裁判などで損害賠償を、といった話になるのだが、そこで導かれる金銭的評価というものの正当性は100%客観的で妥当なものであるとは言いがたい。風邪などであれば、治ってしまえば問題ない（もちろんその間動けなかったことや、その間の苦痛は問題である）が、後遺症が残る、偏頭痛が長引く、といった話になると、その辛さはなかなか単純に大きさとして表すことは困難である。

そこで、本書のなかでは、上述のような影響ではなく（完全にそれらが排除できるわけではないのだが、いったんそれらは置いておくこととする）、いわゆる金銭的影響に焦点を当てることとする。空き巣や強盗にあった場合、もちろん精神的なショックも大きいのだが、まずは直接的な被害として金銭的影響、すなわち盗まれたものの価値が影響度として考えられる。

3 金銭的影響度とは？

本書で金銭的影響に焦点を当てる理由は、当然、この本が「金融リスク管理」について述べるものだからである。幸いにしてというか何というか、おかげで「影響度とは何か？」という複雑な議論を多少なりとも回避することができるという点は実に助かる（あくまで筆者としては、という視点だが）。そうはいってもまだ解決されていない部分が残る。それは、「金銭的影響度とは何か？」という問題である。

「いやいや、それのどこが複雑？　単に金銭的な損失額をみればよいのでは？」と思われた方も多いかもしれない。それはそのとおりなのだが、ここでいう「損失」について、きちんと考えておかなければならないわけがあるのだ。次のような事例を考えてみよう。各自、自分だったら何と答えるか、考えながら読んでもらいたい。

問題１　今日100円で買った株が、もしも明日80円に値下がりしたとする。損失はいくらか？

多くの人が「20円」と答えるだろうか。もしくは、「いや、まだ売却したわけではないのだし、明後日には100円に戻るかもしれないから損失が発生したとは思わない（認めない）」と考えるだろうか。それ以外の答えは何かあるだろうか。「80円に値下がりしてしまったら、価値はないも同然だ……」といった超悲観的発想は、ここでは採用しないことにしておこう。

問題2 **100円で買った株が、今日までに200円に値上がりしていたとする。この状態で、もしも明日150円に下がったら損失はいくらか？**

200円に値上がりしていた段階で、自分にとってもっている株の価値は200円なのだから、明日150円に下がったら50円の損失、という答えはあるだろう。そして、先ほど同様、「売却していないのだから」ということで損失はない、という考え方もあるかもしれない。さらにいえば、「100円で買った株なのだから、むしろまだ50円の得だ」という考え方もありそうだ。

次に行ってみよう。ちょっと話が複雑になる。知識のある読者のために付言しておくと、利息は考えないこととする。

問題3 **知り合いに100円貸しているとする。もしも、その知り合いが自己破産して1円も返せない、ということになったら損失はいくらか？**

これはおそらく、ほとんどの方が100円の損失と答えるだろう。次の問題へ行こう。

問題4 **知り合いに100円貸しているとする。もしも明日、ある情報が入って、その知り合いが自己破産して1円も返せないという可能性が50％ある、ということが判**

明した場合、損失はいくらか？

直感的に考えると、その情報の信憑性はどうなのか、ということをまずは疑ってかかりたい気もする。50%とはどこから出てきたのか、誰がそういう情報をもたらしたのかによってもいろいろと考えてしまいそうだが、ここは（まだ第1章でもあることから、単純に考えて）この確率50%を信じてもらいたい。それでも、現段階（＝明日の時点）では損失は出ていないのだからゼロ、と考える方もいるだろう。

100円返ってくる可能性と、返ってこない可能性が半々だから期待値で50円、よって損失は50円という、算数の問題的に解いた方もいるかもしれない。なかには「雨の確率50%といったら、結構降ることが多いから、ここは（後でショックを受けないように）100円損失と思ってしまおう」と割り切る方もいるかもしれない。それ以外の答えを考えた方もいるだろう。

以上、4問ほど出してみたのだが、どう思われただろうか。実はこれらの問題のなかに、金銭的影響度を考えるうえでの困難さが内包されている。たとえば問題2について、「今日保有している株の価値が200円」と考えるのか、「過去に100円で買った株（今日どのように評価されているかは気にしない）」と考えるのかによって、見え方は大きく異なる。

この2つの考え方は、会計の世界にも存在している。前者が「時価主義」と呼ばれるもので、後者が「取得原価主義」と呼ばれるものである。また、保有している株価が下落しただけで損失と考えるのも「時価主義」の一種であるが、売却するまでは損失とは考えないという考え方を「実現主義」と呼ぶ。

「主義」というのも面白い表現と感じられるかもしれない。原則や手法ではなく、主義であることから、「自分としてはこうしたい」というような意思を表明しているように感じられる。そうなると、どんなメリット／デメリットがあるかを考える必要がある。とはいえ、優劣を真面目に考え出すと、なかなか先に進めない。第５章でも述べるが、銀行預金や保険契約といった、金融機関の主力商品において、この議論は潜在的問題になっている（その潜在的な問題について、意識すらしていない人が多いというのもまた、課題であったりする）。

ということで、ここはいったん、１つの方向性で進んでいくことにしたい。それは「時価主義」、すなわち各時点において適切と思われる「価値」（この価値を言葉できちんと定義しておきたいのだが、「時価」という言葉は少々誤解を与えやすいので、当面ぼかして進めることにする）をベースにリスクの影響度を考える、という方向である。後に述べるが、リスク管理というものを考えるうえでは必要な考え方であると、筆者は強く信じている（主義、なので証明はできないのだが……）。

さて、それでもまだまだ考えなければいけないことがある。それは、「価値とは何か」である。

4 価値とは何か？

なかなか前に進めないのでじれったいなあ、と思われている読者もいるかもしれないが、とても大事なところなのでもう少しお付き合いいただきたい。

さて、「価値とは何か？」というところまで来た。これも一筋縄ではいかない。市場などで頻繁に売買されていて、その「価値」がはっきりみえるもの（上場されている株など）であれば、ある意味明白といえるだろう（それについても、大量に売却したらその価値で売れない、という話もあるくらいなので、実際に明白かどうかは何ともいえない）。だが、現実はもっと複雑である。何の変哲もない時計であったとしても、それが大切なおじいさんの形見であったとしたら、その価値はもはや測ることはできないだろう。どこかのCMではないが、Pricelessというやつだ。

もう少し普通の事例で、工場などがあったとしても、それをうまく活用できる技術やノウハウをもった企業が有している場合と、もはやまったく活用できない状態の工場では、仮に中身がまったく同じであってもその価値が異なるだろう。ましてや、特許やら何やらというと、複雑さは増すばかり、といった感じがする。

ここでもまた、幸いにしてというか、われわれの興味対象は一応「金融機関」である。もちろん、金融機関が保有しているものにもさまざまなものがあるのだが、主なものは預金・貸出金・保険契約・保有している有価証券といったいわゆる「金融商品」[1]や「保険商品」と呼ばれるものである。これらの特徴は何かというと、「その商品が（将来の）キャッシュフローのみから成り立っている」ということがいえる。簡単な例でいえば、３年定期預金とは「３年後に預けた金額＋利息がもらえる」商品、ということになり、普通の商品のように考えれば、「３年後のキャッシュフロー（元本＋利息）」を「預入額」で買った、というふうに解釈できる（実はそう単純ではないのだが、そこについては後段のコラム１－２「金融・保険商品の価値の基本的な考え方」を参照していただきたい。また、以下、少なくともこの章では銀行や保険会社などはつぶれないもの、と考えていただきたい）。

ただし、将来のキャッシュフローというものを扱うのもあまり簡単ではない。なぜならば、将来のキャッシュフローには2つの不確定要素があるからである。図表１－１のとおり、発生するタイミングや発生する量がはっきりしないことが多い。終身保険と呼ばれる商品がある。これは、死亡したら一定額をもらえる、という商品であるが（話を簡単にするために配当などはないことにしよう）、悲しい運命ではあるが人間は必ず死亡する

1　金融商品の定義も真面目に考えると、国際財務報告基準（IFRS）上の定義、金融商品取引法上の定義など、いろいろとややこしいが、ここはあまり複雑に考えず、一般的にこれは金融商品だな、と呼べそうなものの総称として用いることとする。

図表１－１　キャッシュフローがもつ不確定要素と価値の関係

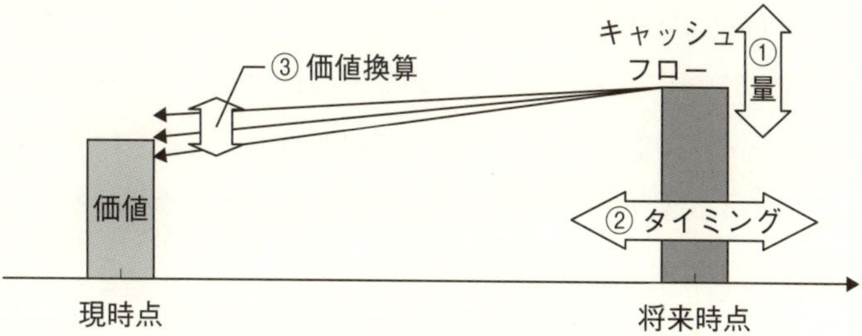

ものであるので、(保険会社がつぶれない限り) いつかはその一定額が必ずもらえる、ということになるが、タイミングはわからないので、そこは不確定要素である。一方、誰かに１年間お金を貸していた場合、１年後にきっちり返ってくるかこないかは相手次第となるので、キャッシュフローが発生する量も不確定となりうる。

さらにいえば、仮に将来のキャッシュフローが確定していたとしても、「将来のキャッシュフロー」を現時点の価値に換算する際に、また不確定要素が存在する。なぜか。それは、「将来の100円」の価値に対する考え方が時によって変わることによる。インフレ状態が続くと想定されるのであれば、将来の100円はいまほどの価値はないだろうから低くなるだろう、逆にデフレ状態が続くと考えられるならば、いまの100円も将来の100円もそれほど変わらないだろう、といった具合だ。

確定したキャッシュフローの価値を各時点で把握することは可能なのか。これについては、国債など、(完全にキャッシュフローが確定しているかどうかについてはこれまた議論があるのだが）ほぼ不確定要素がないだろうと思われる商品の市場での売買価格が参考になる。ただし、市場での慣習として、価格も提示されるのだが、金利というもので提示されるのが一般的である。デフレ時代だと低金利、インフレ時代だと高金利、といわれる金利のことである。

金利についても、真面目に考えるといろいろとややこしい一方、きちんとした理解をしないと誤った使い方をしてしまったりして危険なのだが、なぜか投資の勉強などでも後回しにされてしまうことが多い。とはいえ、テクニカルな話を本文中に掲載すると、すでにご存じの方や、まずはサラッと読みたい方には邪魔くさいと感じられると思うので、後段のコラム１－１「金利の基礎」に掲載した。

5　金融機関の「価値」とは？

金融機関というのは何でできているのだろうか。もちろん、社員や建物や、いろいろなものから成り立っているのだが、金融取引や保険取引がビジネスの大宗を占めているので、その意味ではほとんどが「将来キャッシュフロー」というものからできているととらえることもできる。それらの価値をどのように換算するか、という問題がクリアできたとすると、後はその価値をどのようにみるか、ということになる。

キャッシュフローは２種類ある。①入ってくるお金、すなわち、「キャッシュ・イン・フロー」と、②出ていくお金、「キャッシュ・アウト・フロー」である。入ってくるお金というのは、金融機関にとっては喜ばしいものといえる。これらのこと、すなわち「将来得られるキャッシュフロー」の権利のことを「資産」と呼ぶ。一方、出ていくお金、つまり「将来支払わなければならないキャッシュフロー」の義務のことを「負債」と呼ぶ[2]。なお、商品によっては出入りが両方存在する取引もあるので、そう簡単には分けられない[3]のだが、そこは便宜的に分けたとしよう。これらの権利や義務をなんらかの形で価値に換算すると、要は「もらえるものの価値」と「支払うもの

2　会計上の厳密な定義というわけではないが、ほぼそれに合致したイメージにはなっている。

図表１－２　ある時点の金融機関の「価値」(B/S)

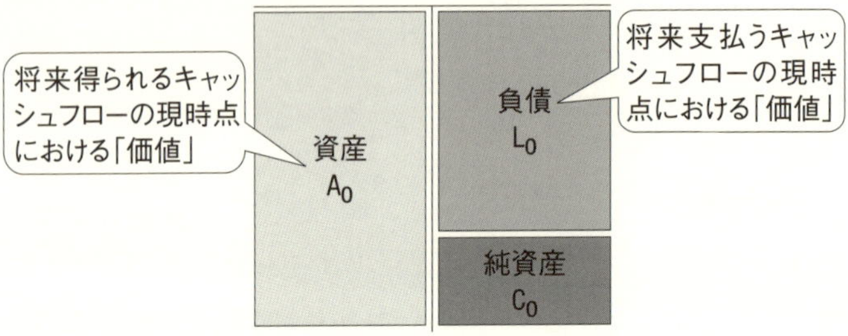

の価値」が導かれることになる。この差額が、少なくともいま保有しているその金融機関の権利と義務を相殺した、ネットの意味での純粋な財産としての現時点の「価値」と考えることができる。この部分を純粋な意味での資産ということで純資産と呼んだり、資本と呼んだりする。

これを図にしたものが図表１－２である。いわゆる会計でいうところの貸借対照表（バランスシート。B/Sなどと記すこともある、ある一時点における企業の財政状態を表すもの）と同じものである。なお、ここで記した価値は必ずしも「会計」の定義ではなく、上で述べたような、その時点で適切と思われる「価値」となっている点に注意していただきたい。

3　金融派生商品（金利スワップなど）や、保険商品（保険料分割払タイプのもの）などは、キャッシュフローの出入りが両方存在しうる。たとえば、保険会社側からみた場合の保険商品は、負債側に計上されることが一般的である。

6 リスクの定義

さて、曲がりなりにも適切と思われる「価値」はわかった。この段階では何も問題がない。ところが、時間が経過すると資産や負債の価値が（むずかしい表現を使えば確率的に）変動することになる。そう、それこそが本書で定義したい「リスク」である。あらためて整理しておこう。

【リスクの定義】

保有している資産や負債の価値が、将来時点どうなるか確定していないことにより企業の価値（純資産）が確率的に変動することを、（本書では）「リスク」と呼ぶ。

定義をみると少し不思議なことがある。それは、いつの間にか「嫌なこと」「発生してほしくないこと」のニュアンスが定義から消えてしまっていることだ。もちろん、悲観的に考えれば「純資産が少なくなる（損失）」が想起されるので「嫌なこと」なのだが、その一方、楽観的に考えれば「純資産が増える（儲かる！）」というハッピーなイメージも想起されることになる。

しかし、これが「リスク」というものの重要な特徴の１つなのである。一方的に嫌なことやよいことだけが起こるわけでは

図表１－３　金融機関における「リスク」のイメージ

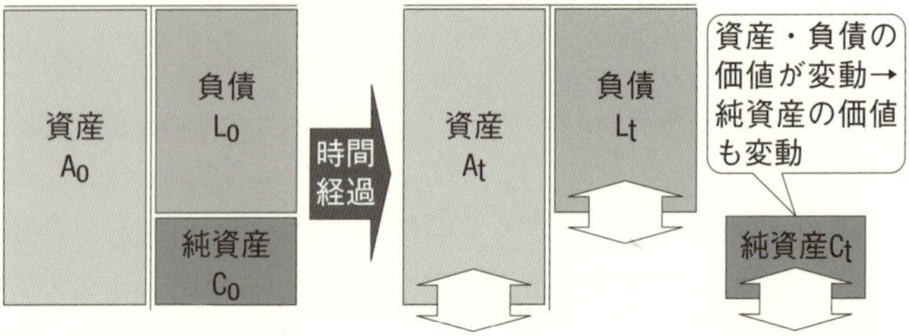

なく、その両方が発生しうる可能性を秘めているのだ。イメージとしては図表１－３のようになる。リスクがなければ思わぬ損失というのが回避できる半面、思わぬ利益も得られない。したがって、どんなリスクをどの程度とるのかを考える、ということに展開していくのである。これが、「リスク管理」となる。詳しくは後ほど説明しよう。

次章では、リスクを考えるうえで必要となる「計測」について考えてみる。よく読んでみると、先の定義では、どうやって影響度を考えるのかがよくわからない。そこを把握しなければならない。ううむ、面倒くさい！　と思われる方も多いかもしれないが、「確率」というものに触れなければならない……。

コラム 1－1

金利の基礎

世の中ではいろいろな金利の使い方がされていて混乱している人も多いので、ここに基礎的事項をまとめておくことにしたい。金利が多く用いられているのは、債券の市場や、預金・住宅ローンなどの世界であるが、たしかに何かを表しているようにみえて、具体的にどういう計算になっているのか、よくわかっていない人も多いのではないだろうか。

そもそも、債券市場というのは、株式市場、為替市場と並んで金融取引の三大市場でありながら、債券相場のことが登場するのはせいぜい経済番組くらいであり、NHKの朝のニュースでも、「株と為替の動き」しか教えてくれない。大学生に授業で聞いてみても、株・為替に比べて債券や金利に関する市場情報はほとんど知らない。しかしながらこの金利の概念、「価値」を考えるうえではかなり重要であり、金融商品の仕組みなどを理解するうえでも大切なものなのだ。

価値評価において重要な金利は、「将来の100円（確実に発生する１つのキャッシュフロー）が現在いくらか」を表すもので、一般には（無リスク）割引金利と呼ばれる。１年後の100円が現在98円であるとすると（それがわかっていればそもそも金利で表現する必要はないのではないか、という素朴かつ鋭い突っ込みはいったん置いておくとして）、割引金利はどのように表現されるだろうか。素直に考えると、

$$98 \times (1 + x) = 100$$

$$x = 2.04\%$$

となるように思われる。では、２年後の100円が現在95円だとすると割引金利はどうなるのだろうか。上記の考え方を素朴に応用すると、

$$95 \times (1 + x) = 100$$
$$x = 5.26\%$$

となるように思われるが、残念ながらこういう表現はあまりなされない。これは単なる金融の世界での慣習なのだが、金利というものは原則として１年単位で表現することになっている。２年分であっても、それをなんらかの形で１年単位に換算して表そうとするのだ。では、どうやって行うか。通常は２とおりの方法があって、１つは１年で増えたものを単純に積み上げていく方法（単利）だ。この場合、計算式は、

$$95 \times (1 + 2x) = 100$$
$$x = 2.63\%$$

となる。もう１つは１年で増やした方法で再度１年後も運用すると考える方法（複利）である。計算式は、

$$95 \times (1 + x)^2 = 100$$
$$x = 2.60\%$$

となる。この複利表現にはさらにいくつものバラエティがある。再度運用するというそのタイミングをより細かくする、というものだ。なぜ、と思われるかもしれないが、先ほどと同様、金融の世界における慣習ということで納得していただきたい。

それだと１年単位で表現する方法、という考え方と矛盾するのではないか、と思われるかもしれない。それもたしかにそうなのだが、そこは、１年をｎ回に区切って計算した場合、その結果をｎ倍することで「１年換算」していることとなっている。なんでｎ倍、という気もしなくもないが、再度これまた「慣習」ということで、ご勘弁いただきたい。それによると、半年ごとに運用する（これを半年複利という。区別するために、上記の方法は１年複利、もしくは年複利と呼ばれる）場合、上記の計算はそれぞれ、

$$98 \times \left(1+\frac{x}{2}\right)^2 = 100$$

$$x = 2.03\%$$

および、

$$95 \times \left(1+\frac{x}{2}\right)^4 = 100$$

$$x = 2.58\%$$

となる。手法によって結果が異なるのだが、あくまでもこれは表現方法の違いであって、1年後や2年後の100円の価値は同じである。年何回分割するかは自由に設定できる。t年後の100円の現在の価値がPVだとすると、その年m回運用する（1/m年複利）表現方法での結果は、

$$PV \times \left(1+\frac{x}{m}\right)^{tm} = 100$$

$$x = m\left\{\left(\frac{100}{PV}\right)^{1/tm} - 1\right\}$$

となる。一応、ここでtmは整数となることが望ましい（計算はできるので整数でなくても問題はないのだが）。となると、mをどんなに大きくしても、つまり、再運用する頻度をどんなに高めても整数にならないことが起こるのではないか、という声も出そうだが（あまり興味がない方も多いかもしれないが）、そんな方のために、mを思い切り大きくする、すなわち無限大にするという方法も知られている。いや、現実的にそんなに頻度高く再運用できない、と思われる方もいるかもしれないが、ここでの「再運用」はあくまでも「将来の100円」の現在の値段の表現方法にすぎないので問題はない。

さて、無限にすると、こんなシンプルな式になる。

$$PV \times \exp(tx) = 100$$

$$x = \frac{1}{t} \log \left(\frac{100}{PV} \right)$$

これを連続複利表現と呼ぶ。シンプルとはいえ、指数関数（上記式のexp(　)に相当）や対数関数が登場するので、面倒くさそうと思われる方もいるかもしれない。ただし、価値の計算やその他さまざまな計算を行ううえではとても便利なツールなので、できれば覚えておいていただきたい。

さて、表現方法はわかったのだが、世の中のどこをみればこの「割引金利」が得られるのだろうか。そのためには確定したキャッシュフローが売買されている市場が必要となる。日本の場合、現状でそれに最も近いだろうと思われるのが、国債の売買市場である。わが国の財政状態を考えると、国債のキャッシュフローは本当に確実なのか、という議論もあるかもしれないが、ここではいったん目をつぶることとさせていただきたい。

では、国債の価格をみればすべてがわかるかというと、そうはいかない。なぜならば、国債の多くは「利付債」といって、異なるタイミングで、利息や元本が支払われるという商品なのである。言い換えれば、「確定している複数のキャッシュフロー」をセットで販売しているようなものだ。なので、そのままは使えないのだが、多少工夫することで、割引金利の水準を推定することは可能となる。ここでは、その技術的な部分は割愛するが、専門書などを参考にしていただきたい。とある方法で2013年までの３月末の日本円割引金利を生成すると、図表１－４のようになる。毎年値が違うということが、先ほど説明した「同じ将来キャッシュフローでも、その時々で価値が変わる」ことを表している。

なお、国債にも「金利」があるのをみたことがある、という方もいるかもしれない。たしかに、日本経済新聞などをみると

図表1－4　過去の割引金利（日本円）

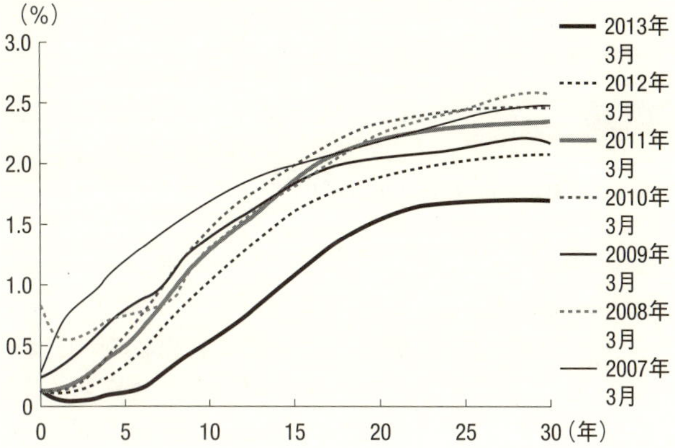

マーケット面に「金利」と書かれていて、10年金利がいくら、と書かれているのだが、あれは、最近発行された10年国債の利回りというものを表している。利回りというのは、大雑把にいえば「国債のすべてのキャッシュフローを同じ金利で割り引いたとしたら、どんな金利になるか」というものである。

図表1－4でみるとわかるとおり、実際には年限ごとに割引金利は異なっているので、それとは概念が大きく異なる。しかしながら、特に昨今は低金利が続いていて、国債の利息も低くなっているので、約10年後に返済される元本の割合が圧倒的に大きくなっている。その意味では、ほぼ「10年割引金利」と思っても（かなりざっくりと、ではあるが）問題ないともいえよう。ただし、割引金利と利回りでは、計算の考え方が全然違うものだ、ということはきちんと理解しておいてもらいたい。

さらに、市場で使われる金利の表現方法には、細かいルール（日数をどのように数えるか、など）が存在している点にも注意が必要だ。本コラムで述べたものは原理原則的なものであり、実務的に金利を扱う場合には、そのルールをきちんと理解して用いる必要がある。

コラム1－2

金融・保険商品の価値の基本的な考え方

金融商品や保険商品といった、キャッシュフローのみからなるものの価値を考える、というのも容易なことではない。もちろん、株や債券、為替のように、金融市場で売買が行われているものはその価格を参照すればよい（厳密には市場でどの程度売買が行われているかなどを気にする必要はある）のだが、厄介なのは、そうした市場がないものである。ここでは、簡単な事例を用いて、金融・保険商品の価値の考え方をみていくことにしよう。

題材は、本文中でも用いた3年の定期預金である。3年間銀行にお金を預けて、3年経ったら元本と利息が返ってくる、というきわめて単純そうにみえる取引である。預金金利を0.5%として、預入額を100万円とすると、3年後には、

$$100\times(1.005)^3=101.5075$$

ということ（注1）で、約101.5万円が得られる、という結果になる。

具体的にイメージするために、筆者の知り合いの山田さんがA銀行にこの定期預金を預け入れたとしよう。これは、A銀行からみれば「3年後の101.5万円という確定したキャッシュフロー（注2）を山田さんに100万円で売った」ということになる。A銀行が山田さんに販売した商品が「3年後の確定した101.5万円」である。仮に、金融市場で売買されている3年後の確定した101.5万円（コラム1－1「金利の基礎」を参照さ

れたい）が、現時点で99万円だったとすると、A銀行は「３年後の101.5万円という確定したキャッシュフローで、金融市場では99万円で売買されているものを山田さんに100万円で販売した」とも表現できる。原価が99万円、販売価格が100万円、１万円の儲け、というわけだ。もっとも、定期預金を実行するための人件費やら何やらの経費は控除前ではあるが……。

なお、この原価は日々変動するので、A銀行が儲けを確定するには、３年後の101.5万円をすぐに仕入れる必要がある（注３）。一般的な商品であれば、仕入れが先になければならない（蕎麦粉を仕入れないと蕎麦は売れない）のだが、金融や保険商品というのは、仕入れなくても売れてしまうので、そこの管理が重要になってくる。専門的にはALM（資産・負債管理）と呼ばれるものだ。この自由度があるところが、金融・保険商品の面白さでもありむずかしさでもあるのだが、そこはいったん置いておこう。

ここで話が終わっては簡単すぎる。この商品にはちょっと複雑な構造がくっついているのだ。それが「中途解約」と呼ばれるものである。「いやいや、中途解約は利息がほとんど支払われないから、損なんだよ」とおっしゃる方もいるかもしれない。たしかに、多くの金融機関において、定期預金を中途解約すると利息は大きく削減される。ここでは、話を簡単にするために、中途解約をしたら利息はすべて召し上げられ、元本のみが返済されるとしておこう。それでも中途解約というものは存在しうる。「突然発生した資金ニーズのために急遽引き出したい」ということもあるだろう。山田さんにしても、想定外の出費があったり、ちょっと思い切って高級車を買ってみたくなったり、その他、さまざまな理由でそうした思いに駆られることはあるだろう。その場合は多少損をしても、借金するよりはマシということで引き出すかもしれない。

それ以外にも「合理的」な理由で解約をすることもありうるのである。どんな場合か。

それは、定期預金金利が上昇した場合である。どういうことか、具体的な例でみてみよう。1年経過した時点で（その時点で、山田さんは「2年後の101.5万円」という商品をもっている）、2年定期預金金利が1.0％になった、としよう。これは、「2年後の約102万円が100万円で買える」ということを意味している（$100\times(1.01)^2=102.01$）。すると、山田さんとしては、いまもっている101.5万円を金融機関に買い取ってもらって（＝中途解約をして）、元本だけ、すなわち100万円をもらい、それを元手に2年定期預金に入り直すことで、「2年後の101.5万円」を「2年後の102万円」に元手なしに交換することができるのだ。「2年後の5,000円」を余分に手にできることになるのだから、これは絶対にお得だ。やらない手はない。もちろん、1年経って2年預金金利が有利なレベルまで上昇していなければ交換しなければよい。

一方、A銀行としてはどうか。山田さんの定期預金の材料として仕入れていた「3年後の101.5万円」は、現時点では「2年後の101.5万円」になっている。山田さんが100万円引き出したい、というのだから、この「2年後の101.5万円」を市場で売却して返済すればよいはずなのだが、この「2年後の101.5万円」はいま、市場ではいくらになっているのだろうか。それは市場をみなければわからないが、1つだけわかることがある。A銀行自身が、2年定期預金の金利を1％に設定している、ということは、2年後の約102万円を100万円で売ってよいという判断をしていることになる。売値が100万円だから、原価は100万円より低くなっているはずだ。とすると、2年後の101.5万円は100万円より低く、さらにいえば99.5万円よりも低そうである。となると、返済すべき100万円には足りない。ということでA銀行は損をしてしまうことになるのだ。

金融の世界では、このような取引のことをオプション取引と呼ぶ。オプション取引とは、「一定期間経過後（もしくは一定期間内）に、ある商品を、一定の価格で売却もしくは購入することができる権利」の売買のことである。ややこしいのだが、この例でいえば、山田さんは、定期預金に入っている3年の間に、自分がもっている商品（ここでは、購入時点で3年後に相当していた約101.5万円）を、100万円で銀行に売却することができる、という権利である。この権利、有利なときだけ、すなわち得をするときだけ行使すればよいのだから、当然タダではもらえない。だから、この権利自体にも価値がついているということになる。銀行は山田さんに対してこの権利を売っていることになるので、儲けは1万円ではなく、1万円からその権利分を差し引いたもの、ということになる。その権利の価値はいくらで、どうすればその材料を市場から調達できるのかというと、これはきわめて複雑である。一般には、「金利オプション取引」というデリバティブ（金融派生商品）取引に相当する。理想的には割引債オプションというものが存在すればよいのだが、市場ではあまり多く流通していないので、似たような商品（金利スワップションと呼ばれる）から、価値を類推することになる。

何やら複雑な世界に入ってしまった。もはやここから先は、金融工学とか呼ばれる領域である。近づきたい方はぜひ専門書に進んでいただきたいが、進めそうにない方は無理する必要はない。

ただし、一般にこうしたオプションを行使する、つまり、有利になったら山田さんは必ず銀行に駆け込むかというと、特に個人向け金融・保険商品の場合はそうでもない。1つには、そもそもいまの預金金利がどうなっているか、あまり知らないし、知ったとしても有利かどうかの計算が面倒といったこともある。コラム1－1でも述べたが、株や為替に興味のある人でも、金利については詳しくないということが多い。ファイナンシャル・プランナーの友人でもいれば別かもしれないが、一般には、自分の預金を解約したら有利になることがあるなんて、考えたこともない人がほとんどかもしれない。

さらには、仮に有利になるということがわかったとしても、銀行に行くのが面倒くさいとか、時間が惜しいとか、電車賃がかかるのがもったいない、と思う人もいるだろう。これを執筆している2013年末の時点で考えると、そうした人が圧倒的に多いのではないかという気がする。もっとも、そう思う最大の理由は、ここ20年くらい、まともに金利が大きく上がったという経験値がないから、そういう姿を想像しにくい、ということがあるように思われる。本当に金利が大きく上がった際に、山田さんをはじめとする多くの消費者がどういう行動をとるのかはわからない（注４）。突然、テレビの情報番組などで、「定期預金に預けている方は、いま解約して預け直したほうがお得！」といった話が出回るかもしれない。

まあ、それでも銀行としては、いつ引き出されても損をしないように、上記オプションを仕入れておけばよい、とも考えられる。本来行使すべきタイミングで山田さんが来なければ、銀行は、自分が仕入れたオプションだけを行使すれば儲けられるからそれでよいではないか、という考え方だ（注５）。銀行としては、１万円の儲けから、そのオプションの購入代金を差し引いた残りが、悪くても儲けとなり、運がよければ自分だけ得をする取引をすることで、さらに儲けが出るかもしれない、というわけだ。

しかし、そこには１つ問題がある。このオプションが結構高いのだ。下手をすると、１万円の儲けが吹っ飛んでしまうかもしれない。儲けが出るようにするためには、預金金利をもっと下げればよいのだろうが、そうなると、「どうせ行使なんかしないんだから」とタカをくくっている他の銀行に顧客をとられてしまうかもしれない。

ということで、この価値を見積もるのは悩むところだ。おそらく、というか、少なくとも本稿執筆時点での「常識的な（一般的な）」取扱い方は、山田さんをはじめとする預金者はオプション行使に群がるとは想定しないという方法である。なかには、ある一定程度、もしかしたら金利に敏感な顧客だけが反応する、もしくは、行使による儲けが大きくなるほど、そのカラクリに気づく人が多くなって、より多くの人がそうした対応をするようになるのでは、といったことを想定してモデル化している銀行もあるように思われるが、その程度である。もちろん、将来のことはわからないので、それが正しい判断かは不明である。

さて、これですべて終了か。いや、もう１つ気になることがある。先にも述べたが、定期預金は「満期までもつ」「有利だから解約する」以外に、「その他の理由で（有利不利にかかわらず、それとは別に）解約する」という人がいるのも事実だ。このとき、もしも金利が上昇していたら銀行は損をしてしまう（そのロジックは先ほどと同じだ）。ただし、今度は有利不利にかかわらずなので、銀行は得をするかもしれないし、損をするかもしれない、という状態になる。将来得をするか損をするかわからない状態ということで、これはまさに銀行にとって「リスク」ということになる。これに対処する方法としては、過去の経験値などから、ある程度「期待される（有利不利にかかわらず発生する）解約」の率を織り込んでおく、ということである。ただ、純粋に期待値どおりでいいのだろうか。

これについては、有名な保険会社の古典的格言で「期待値どおりに保険料を設定していたら、その保険会社はいつか必ず倒産する」というものがある。これに従うとすれば、A銀行も、多少は保守的に評価をしておく必要がありそうだ。これを「リスクをとる対価」とでも呼んでおこう。保険業界ではリスク・マージンなどと呼ばれている。どの程度保守的であればよいのか、というのはなかなかむずかしい。あまりに保守的すぎると、商品としての魅力が下がってしまう。そうはいっても、この保守性を織り込まないことは、金融機関の存続を危うくしてしまう可能性がある。ここについては、完璧な正解というのはないのだが、第3章で再度考えてみることにしよう。

さて、とても長くなったが、山田さんの3年定期預金がいったいどんな価値なのかというのを整理すると、こんな感じにまとめられる。

期待キャッシュフロー（有利不利にかかわらずの解約も考慮して）の現在価値
＋（程度の差はあるものの一定程度の）オプション価値
＋（解約が不確定に発生するので、そこに対する）リスクをとる対価

ううむ、簡単な定期預金のはずがこんなに複雑になってしまった。なぜだろうか。すべては、この定期預金がもっている「中途解約」という契約上の権利に起因している。もう少し厳密にいえば、中途解約をすること自体はよいのだが、その際に得られる額があらかじめ決められている、というのが問題なのである。たしかに、一般に考えれば中途解約時のペナルティというのはどんなに高くても元本が毀損することがない、というのが「常識」とも思われる。むしろ、預けたのに元本（プラス、大きく削減された利息程度）しか返ってこないので「損で

ある」というのが一般的な感覚だ。ところが、このコラムでみたとおり、そうとは限らないのである。この「常識」とのギャップ、ここに問題が内在されているのである。

このギャップ、どこから来るかというと、コラム１－１ともつながるのだが、将来の100円がいまいくらか、ということが時代によって変わることがあるという感覚、言い換えれば「金利」に関する原則や考え方があまり浸透していないところも影響しているように思われる。何度も繰り返しているが、１年後、定期預金金利が上昇した状態で、山田さんがもっていたのは「２年後の101.5万円」である。もしもそれを換金したいならば、それと「等価」なものと交換すればよいはずなのに、そうではなく、あらかじめ決められた100万円と交換できることがこの問題を生み出している。さらに言い換えれば、預金金利が下がってしまって、「２年後の101.5万円」の価値がもっと高くなっていたとしても、山田さんが中途解約した際に得られる額は100万円しかないのである。

一般には、元本が毀損することというのは大きな問題である、ととらえられていることが多い。なかでも預金や保険といった、個人顧客が活用する商品においては特にそうである。しかしながら、この「常識」が商品を複雑にし、その価値の把握を困難にしている、という面もあるのだ。

それは、さまざまなところで潜在的な問題となっている。たとえば……オッと、かなりエキサイトしてしまった。コラムとはいえ、リスク管理の基礎という意味では逸脱してきた（逸れてはいないのだが、少なくとも第１章という意味ではちょっと進みすぎてしまった）ので、この辺でこのコラムは終了としよう。

（注１）　銀行預金金利を年複利で計算してよいかどうかについては、各金融機関に確認してもらいたい。ここはイメージであ

る。実際、全国銀行協会のホームページをみると、「金利のしくみ・種類」というコーナーで、「あなたが預けた預貯金などの元本に対し、どのくらいの利息を得られるかを計算するには、あなたが預けた金融商品の金利の種類がどのようなものであるか、そして利率が何％かを知る必要があります」と書かれている。現実の世界において、金利とはなかなかわかりにくくて、使いにくいものなのだ。

（注２）　本文と同様、ここでも銀行は破綻しないもの、としておく。

（注３）　ぴったり一致する商品が販売されているかどうかはわからない。国債などを使おうにも、コラム１－１で説明したように利付債が主なので、うまくは合わない。いろいろと組み合わせながらコントロールしなければならないのだ。

（注４）　金利が高いときには、その商品に飛びついていた、という時代もあった。興味のある方は、1990年のワイド・フィーバーを調べてみてはいかがだろうか。

（注５）　専門的には、こうした取引を「優複製戦略」と呼ぶ。

第 2 章

リスクを計測する

第１章で、本書におけるリスクを「保有している資産や負債の価値が、将来時点どうなるか確定していないことにより企業の価値（純資産）が確率的に変動すること」と定義した。では、具体的にどのように把握すればよいのだろうか、ということで、本章では、リスクをどのように計測すればよいかについて考えてみる。

そのためには、残念ながら、避けて通れない面倒なことがある。「確率」についてである。そうはいっても、逃げられないなら、早いうちに済ませてしまったほうがよいだろう。ということで、極力わかりやすく、かつ、留意点なども含めて確率の基礎を紹介することから始めよう。

1 確率の基礎

さて、その確率の基礎であるが、「確率とは何ぞや？」などといったところから大上段に構えたら、この先誰も読んでくれなくなる（読んでも平気な方は、そもそも以下の内容については知っている可能性が高い）と思われるので、リスク管理において必要最低限と思われる事柄だけをまとめておこう。

まず、確率というものを考えるためには、なんらかの観測対象となるものが必要である。これを**事象**と呼ぶ。一般的には、過去で結果がわかっていたら、それが発生したかどうかははっきりしているので、一応将来の事柄を考えることになる。次のようなものは事象といえるだろう。

・これからサイコロを振ったときに１の目が出る

・次の回、４番バッターがヒットを打つ

・明日、雨が降る

・明日、最初に出会った人の身長が170cm 以上である

・６カ月後のＡ社の株価が500円以上になる

なお、事象は判別しやすいものでないと困るので、「明日、先生のご機嫌がよい」とかは、まあ、主観的に判別できないわけでもないが、あまり適切な事例とはいえない。

続いて、これらの事象に後は確率を振ればよいことになる。

サイコロの場合、1の目が出る確率は6分の1と考える人が多いだろう。それ以外については、状況がわからないと何ともいえない。4番バッターだったらその人の打率なのだろうか。明日の雨が降る確率は気象庁の発表のとおりなのだろうか。ただ、ここでそれを考えてもわからないので、いったんこれらはわかっている、と仮定しよう。

この場合、大事なことは、確率の基本については守らなければならない、ということである。それは、とても当たり前のことだが、考えうるすべての事象の確率を足したら1、各事象の確率はゼロ以上で1以下、等々である。

なお、数学的に小むずかしく考えると、面倒な手続をとらなければならない場合がある。上記の例を少し変えて、「明日、最初に出会った人の身長が170cmである」としたとしよう。「そういう可能性もあるかな」という気もするが、よく考えると170cmぴったり、という人はいない。いや、「私がそうです」という人もいるかもしれないが、それはどこまで厳密に考えても170.0cmという話（おそらくだが、169.95cm以上、170.05cm未満のどこか）であって、さらに細かく計測して、170.00000cm、さらに細かく計測して……となると（そんな計測が可能なのか、は置いておいて）、いないだろう。

このように、数字全部が使えるようなケース（連続的なケース）では、事象の粒々（変な表現だが、観測しうる限り最も小さな事象といったイメージ）をみてしまうと、確率はゼロになってしまいそうなものがある。ところが先ほども触れたように、

169.5cm以上170.5cm未満、というふうに表現するとその確率は正になる、という少々不思議なことが起こるのだ。それは数学的なマニアックな話という気もするが、後で必要になるので、「そんなこともあるのか」くらいに覚えておいてもらいたい。

さて、確率がわかってしまえば一応はこれで終了となるのだが、このままではいろいろと扱いにくい（数学的マニアックな話も残っている）。そこで、粒々の事象に対して適当な数値を当てはめることで、少し数学的な扱いやすさをよくすることにする。それにより、「この事象が起きたらこの値」というふうに数字で表現できるようになる。この値は、どの結果が出るかによって当然異なるので（違う事象が生じたのに同じ値が出てしまっては判別できず困るので、そこは「適当に」数値を当てはめてほしい）、変数と呼ぶことができる。その変数はある確率で出現するので、一般には**確率変数**と呼ばれる。「サイコロの出る目」「出会う人の身長」「6カ月後のA社の株価」などの場合、その数値をそのまま当てはめることが多い。「ヒットを打つ」とか「雨が降る」とかは、数値には置き換えにくいが、打ったら（降ったら）1、そうでなければゼロ、といった置き方をするなど、工夫をすればよい。

変数にすると、確率の表現が少し楽になる（あくまで数学的な意味で楽になる、ということであり、そのほうがかえって苦しくなる方もいるかもしれないが、そこは申し訳ない）。たとえば、「サイコロが出る目」を数値として、その値を表す確率変数をXとすると、確率は、確率変数をある（ゼロ以上１以下の）数値に換算するもの、として表現できる。単純な表現としては、

$$P(X=1)=\frac{1}{6}$$

といった感じである。これは、「左辺のカッコ内のことが起こる確率は右辺です」と読めばよい。「Xが（つまりサイコロの出る目が）１である確率は６分の１です」となる。関数はPと書いたりPrと書いたりするのがよくみられる慣習だが、おそらくProbability（確率）のイメージなのだろう。

左辺のカッコ内が等式で書かれている場合、この関数を確率関数と呼ぶ。その場合、左辺カッコ内の「$X=$」も省略してしまうことが多い。ただしこの関数、なぜかあまり使われない。そのかわり、「その確率変数がある値以下になる確率」を表現する（つまり不等式で書かれている場合）ことが多い。サイコロの例でいえばこんな感じだ。

$$P(X\leqq 2)=\frac{1}{3}$$

読み方は先ほどと同様。この場合、すなわち、この向きの不等式で、しかも等号付きの場合のこの関係を表す関数を**分布関数**、または累積分布関数と呼ぶ。なぜかFという関数で表すことが多い。どの確率変数のことかが明らかにわかる場合は、確率変数も省略してしまい、

$$F(2) = \frac{1}{3}$$

なんて書いたりする。確率変数がわからなくなりそうなときや、どちらだか紛らわしいようなときなどは、Fの右下に添え字をつけたりする。

サイコロの例の場合、確率関数と分布関数はそれぞれ図表2－1および図表2－2のようになる。横軸が関数に入る値、縦軸がそのときの関数の値を示している。ちょっとわかりにくいが、確率関数の場合、■となっている部分以外の値はゼロであることを示している。分布関数の場合、○部分は「その値未満」を示していて、●部分は「その値以上」を示している。

分布関数がありがたいのは、先ほど出てきたマニアックな「連続的なケース」でも問題なく対応できる、ということだ。

図表2－1　サイコロの例の場合の確率関数

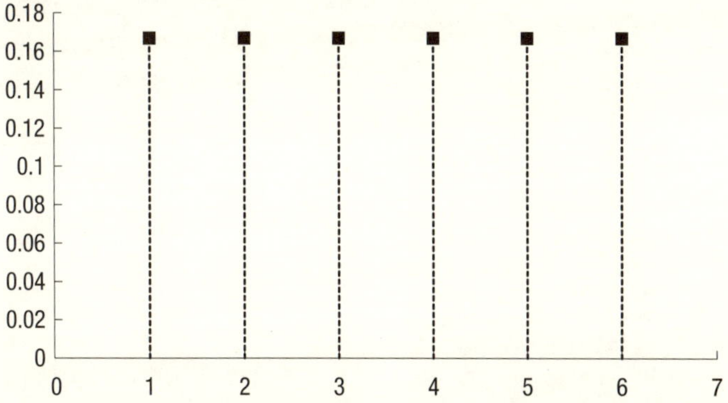

図表２－２　サイコロの例の場合の分布関数

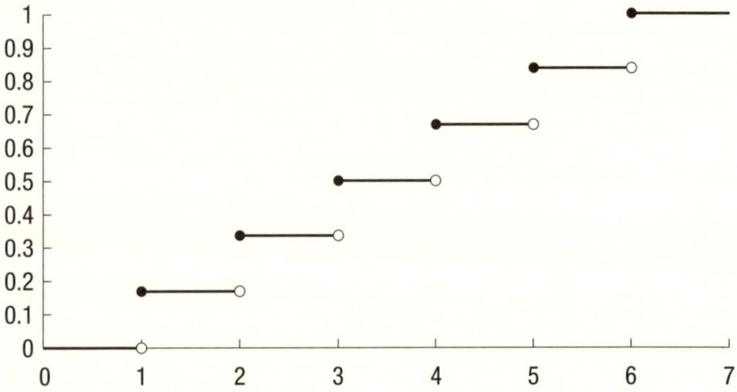

つまり、長さのような連続的（に扱いやすいもの）について、確率関数では何の意味ももたないものが、分布関数だとうまく表現できることになる。

2 連続的な分布

ところで、確率分布といえば、よく目にするのが図表２－３のようなグラフではないだろうか。そう、よく知られた正規分布という図である。この図は何を表しているのだろうか。

実はこれ、**確率密度関数**と呼ばれるものである。先ほどの「連続的な（マニアックな）ケース」で用いられるのだが、これが何かを説明するのはあまり容易ではない。よくこういう説明を受ける、という意味では、「面積が確率になっている」というものだろう。どういうことか。それを示したのが、図表２－４である。この値（図でいえば y）以下の値となる確率が斜線で示した面積、ということだ。そんな面積をどうやって求める

図表２－３　よくみる？　正規分布の「図」

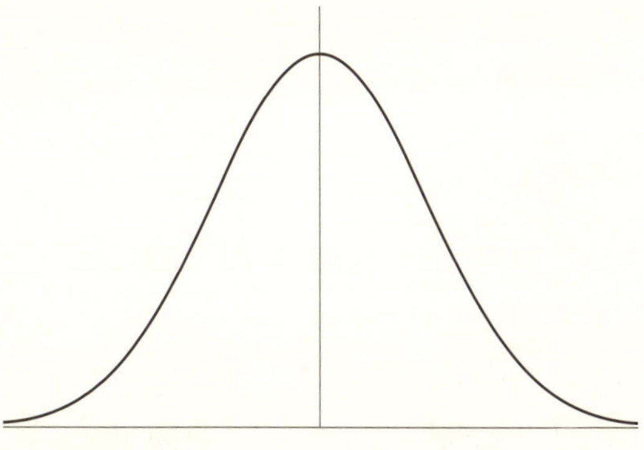

図表２－４　確率密度関数の意味

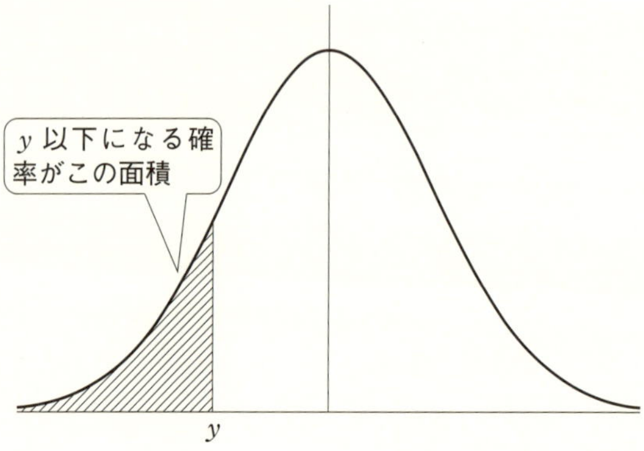

のか、というと、積分なる方法を用いなければならない。

ところが、よく考えると、最初から分布関数を使えばよいようにも思われる。実際、正規分布の分布関数は図表２－５のような形で表される。y 以下となる確率は、単に、グラフ上で（通常のグラフ同様）矢印を追ってみればよい。このほうがよほど簡単なのだが、確率密度関数の図のほうが美しい（？）と思われているのか（好みの問題という気もするが）、多くのケースで確率密度関数の図を使った説明がなされている。まあ、それほど嫌う理由もないので、そういうものか、と思って気楽に（というのも妙だが）使うこととする。

ちなみに、この確率密度関数、厳密には連続的なケースでないと使えない。一方、世の中では、先ほどのように相当無理矢理にでもマニアックに考えない限り、連続的なケースは存在しない。「６カ月後の株価」だって、１円単位（ものによっては５

図表２－５　正規分布を分布関数で表すと……

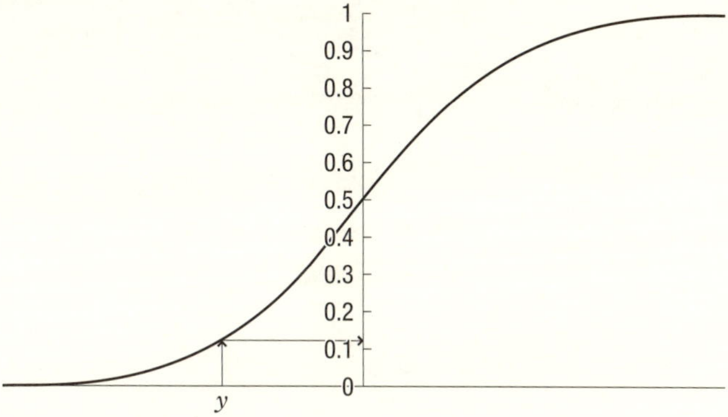

円単位だったり、10円単位だったりする）で決まるので、それぞれ発生する確率を考えられる（確率関数で表現できる）こととなる。ところが、現実に一つひとつに確率を当てはめることを考えると案外面倒な作業であることがわかる。

そこで、通常は「本当は連続的ではない」はずの株価や、身長（これもマニアックに考えなければ、どんなに細かく考えたって１mm単位であろう）について、正規分布のような連続的な分布を当てはめることが多い。連続的な分布は、いくつかのパラメータだけを決めるとその形状が全部決まる、という簡便さがある。正規分布は、２つのパラメータを決めるだけでよいのだ。株価など、考えられる粒々の事象が何十、何百とおりにもなりそうなものを考えるうえではたしかに便利である。

ただし、便利ではあるのだが、それが本当にうまく当てはまっているのか、ちょっとそこは気にしておいてほしい。

3 確率分布を推定すること

さて、確率というものはこうやって表現できる、ということはわかった。では、実際に確率をどうやって推定すればよいのだろうか。

① サイコロの目が出る確率

サイコロの目が出る確率、なんていうのは、数学の問題にも出るくらいなので、もはや絶対的に正しいもの、として受け止められているようである。でも本当にそれぞれ6分の1なのだろうか。よく聞かれるのは、「表面の目の部分が削られているし、形だって厳密に正六面体（立方体）ではないかもしれない」というものである。なお、そうしたゆがみを排除することを目的としてつくられた「プレシジョンダイス」というものが存在するそうだが、その話は本題とはもはやほど遠いので、興味のある方はネットで調べていただきたい。

では、自分がもっているサイコロはどうか。たしかに凸凹はあるのかもしれない。ただ、それはそれとして受け止めるとしたら、その目が出る確率を調べるにはどうすればよいか。それにはひたすら振り続けるしかない。振っていくうちに、もしかしたらサイコロが少しずつ擦り減る、なんてこともあるのかもしれないが、経験上、それほど問題にはならないと思われる。

もっとも、どれだけ振っても１の目が出る確率がいくつであるかを正確に知ることはできないのだが、統計的検定や推定といった技法を使うと、本当に６分の１なのか、といったことについて、それなりの答えを得ることができる。「それなりの」というのは、絶対的な答えという意味ではなく、「まあだいたい大丈夫なのでは」といったもので、「６分の１でないとはいえない」といったような、フワッとしたものである。

②　次の回、４番バッターがヒットを打つ確率

では、「次の回、４番バッターがヒットを打つ」という確率はどうだろうか（以下、野球に詳しくない、もしくは興味のない方、すみません）。ヒットを打つ確率に関しては、いろいろな要素が絡んでくる。相手投手、点差は、何回か、アウト数は、ランナーは、最近の打率、通算打率、何打席目か云々。野球の試合をみていると、これらがさまざまな確率として登場する。左（右）投手の場合の打率、この投手との対戦成績、得点圏打率、何打席目ごとの打率等々。それらが登場した挙句に、解説者に「ここは勝負どころですから、どちらの気持ちが強いかで決まりますね」などといわれてしまうと、もはや何だろう、という気もするのだが、それはともかく、それらの確率というのは当たっているのだろうか。

これは残念ながら検証がきわめて困難である。すべては過去のデータであり、次の回と同条件ではないのだ。サイコロのように「まったく同じ条件で何度も何度も実験する」ことができ

ない。ただし、まったくアテにならないかというと、どうもそうでもない。映画にもなった『マネー・ボール』[1] ではないが、長い目でみれば、ある程度過去データに基づく分析も効果があるようだ。もっとも本のなかに記されていたように、この手法は100試合以上を戦うリーグ戦では有効だが、プレーオフやトーナメントといった短期戦で効果を発揮するかはわからない、とのことである。ある程度長い目でみれば確率が整合してくる、ということのようだ。

ここで、一点注意すべきことがある。野球の統計データを考える場合、データが少なすぎても困るのだが（下記のゴルフのエピソードなどもその事例）、多ければ多いほどよいわけでもない、ということだ。あまり古い、すなわち高校生の頃のデータと、プロになってからでは、本人の力量も周りの力量も異なるので、あまり役に立たないだろう。プロになってからも、新人の頃とベテランになってからでは異なるかもしれない。そのあたりのバランスは大事になる。

③　パットが入る確率

ところで、スポーツでいえばこんなことがあった。ゴルフトーナメントをテレビでみていた時のことである（ゴルフに興味のない方、すみません）。優勝争いのなか、10m以上の長い

1　もっともこのストーリーのなかで重要なのは、野球において確率・統計学的な考え方が通じる、というところよりも、資金不足のなか、「コスト対比での期待リターン」という意味で戦力をどうやって整えるか、というところにあったように記憶している。

パットを打つという場面で、解説の人が「まあ、パッティングは入るか入らないか、五分五分なので」といったのである。これを聞いた瞬間、最初は「いやいや、それはいくらなんでも無茶苦茶でしょう」と思ったのだが、その直後、「待てよ」と思った。野球と同様、ゴルフの確率の推定も容易ではない。パッティングは転がすだけだから、と思われるかもしれないが、傾斜や転がり具合などの読みが必要で、とても複雑なのだ。となると、「50%入る」というのを否定するのも逆におかしい、ということもいえるのかもしれない。

さらに、もしもほぼ同じ場所から2人のプロ（実力は伯仲しているとしよう。実際、プロの実力はアマチュアからみればびっくりするくらい伯仲しているのだと思う）がパッティングして、1人が入って、1人が外れたとする。ゴルフが好きな人からすると、先に打った人が入れたのか、後から打った人が入れたのか、など気になることもあるが、それが「初めてみたゴルフ」だったとすると、その人にとっては、「10mのパットは5割の確率で入る」と思うかもしれない。周りの人たちが「いやいや、すごいね」というのを聞いて、もしかしたら「おや、珍しいことなのかな」と思ったりするかもしれないが、周りの人が「誤解」しているだけかもしれない。時々、「経験値が多い人は、自分の経験に縛られて、壁を越えられない」といったことをいわれる方がいるが、いろいろみているうちに、10mのパットはそうそう入らない、という先入観ができてしまっている可能性だってあるのだ。

ちなみに、最近ゴルフ番組をみていると（海外のケースが多いだろうか）、この距離のパットであれば入る確率はどのくらい、といった表示をみるようになった。これも打率のようなものだが、マネー・ボール的に考えれば、長い目でみればそれなりには当たっているのかもしれない。

もっとも、パッティングについてはどうかわからないが、ドライバーショットなどとなるとクラブの性能なども変わっているので、過去データは単純に当てはまらない、といったこともある。テレビや雑誌のCMをみていると、ドライバーなどはほぼ毎年進化しているので、CMでいっている効果をそのまま受け入れれば、毎年10ヤードくらいは飛距離が伸びるような感じだ。となると、15～20年後は500ヤードを超えるゴルファーが出てくるかもしれない、といった計算になる。アマチュアでも400ヤード打てたりするかもしれない。まあ、これはあくまでも「宣伝」の話であって、人によっては「クラブじゃないよ、ボールだよ」「道具じゃないよ、腕だよ」「腕だけじゃないよ、体の柔軟性だよ」と、さまざまな意見が出てくる。だから面白いのかもしれないが……。

④　雨の降る確率

余談が過ぎてしまったが、では次。雨の降る確率はどうだろうか。気象庁が発表している降水確率があるので、きっとなんらかの方法で確率が推定できているのだろう、と思っている方が多いかもしれない。もっとも、あの数値自体、意味がよくわからないという人もいる。「雨の降る確率50%」なんていわれたら、降っても降らなくても当たっているような感じがする人も多いのではないだろうか。

気象庁のホームページに行くと、これらの疑問に丁寧に（ただし専門的に）答えてくれていて、そこには、降水の有無の「適中率」なるものが紹介されている。適中率とは何か、についてもホームページを参照していただきたいのだが、これをみると、徐々に適中率が上がっているのがわかる。温暖化とか、ゲリラ豪雨とかいわれているのだが、それなりに適中しているということは、さまざまな分析によって精度が上がっているということなのだろう。コンピュータの処理能力や、気象関連の情報が増えたことなども関係しているのかもしれない（筆者はまったくの門外漢なので、当て推量である）。

さて、ここまでスポーツ、天気と来た。スポーツについては個人差があるが、その人の過去の成績や、実力が近い人たち（プロなど）のこれまでの傾向から、天気の場合も、何に基づいているのかはわからないが、さまざまな情報から、その一場面一場面で当たっているかは定かではないが、長い目でみればそこそこ当たっているのではないか、という感じである。もっとも、「そこそこ」の度合いはサイコロよりもかなり落ちるように思われる。

では、株価についてはどうだろうか。これについては、後で触れることにしよう。

4 資産や負債の振る舞い

さて、話をリスクに戻そう。リスクをもつ資産や負債はどのように振る舞うのだろうか。株価などを考えるとわかるとおり、価値は時々刻々と変化しうる。そのイメージを描くと図表２－６のような感じだろうか。どの線をたどるのかはわからないが、こうした動きになりそうという予想はつく。１本１本の線には、おそらくいろいろなストーリーがあるのだろう。

・①では、スタートダッシュ順調、途中からは少々乱高下しているものの、それでも、ある程度持ちこたえている

・②も途中からは①に負けないくらい上昇していたのだが、それ以降は失速してしまった

図表２－６　株価の動きのイメージ

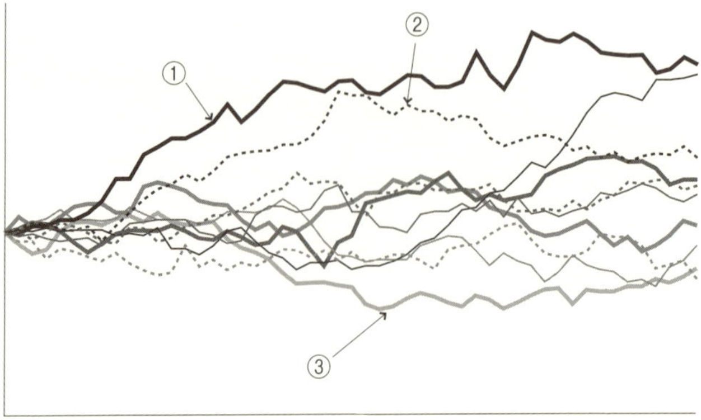

・③は最初から調子が悪く下落してしまったが、徐々に持ち直しつつある

ただ、この振る舞いを確率的にとらえる、となると厄介だ。時間とともに動く価値をどうとらえるのか、結構面倒くさそうだし、それも単にくねくね動くわけではなく、外部の情報が影響している。情報が入ってはそれに影響されて変動し、また情報が入っては、という、時々刻々の情報とともに（もちろん、情報どおりに動くわけでもないが、そうした不確定な要素も含め）動くようすを表現しなければならない。

この表現に大真面目に取り組むとなると、数学的には確率過程と呼ばれる、大学の数学科でもあまり普通は勉強しないようなレベルの数学が必要になる。難解だから諦める、というのはあまり好ましくはないかもしれないのだが、さすがにこれをマスターするのは大変である。

ということで、この振る舞いを全部追いかけることはせず、そのかわりに「ある一定期間が経過した時点」でどうなっているか、をみることにする。「みることにする」と記述したが、リスク管理の世界においてはそれが「常識」となってきた。そうすることで、価値についても、「ある時点でいくらになっているか」という話に帰結することから、前節までで述べたような「確率分布」で表現することが可能となるのだ。

ただし、価値というのはここで述べたような動きをしているのだ、ということは頭の片隅に置いておいてほしい。

5 将来価値変動の推測

さて、ようやくリスク、すなわち将来の価値変動の計測である。とりあえず、前節のとおり、リスクを「価値が一定期間経過した時点でどうなっているかが確定していない状態」としたので、一定期間（これについてはまだ何も考えていないのだが）後の価値の確率的状態、すなわち、確率分布を考えればよいことになった。

では、どうやって推定するか。今回は、考えられる粒々の事象がかなり多い。先ほどの事例のように「500円以上になっているかどうか」といった事象に絞っているわけではなく、確定していない状態、つまりさまざまな事象が発生する確率をそれぞれまずは眺めておきたいので、どうしても複雑になってしまう。

複雑なのは仕方がないとして、では、どうやって推定すればよいだろうか。こちらもまた、サイコロのように、同じ状態で何度も繰り返すことができないので、基本的にはこれまでの経験から考えるしかない。もちろん野球や天気の例と同様、そこで考えられるものは「そこそこ」の推定でしかない。ただし、これは経験的でもあり、直感的でもあるのだが、株価やその他の資産・負債の価値のようなものは、過去の経験からわかる「そこそこ」度合いが一段と低いように思われる。

理由は、と問われると困るのだが、人間の思惑が絡む「社会科学的」な現象だから、とでもいおうか。もちろん、野球だって人間が関与しているし、天候にしても特に最近は人為的要素が無視できない部分もある。ただ、それに加えて、「金融政策」といった突発的要素、それを受けた「市場のムード」など、とらえにくい空気感といった外部からの影響も大きい。もちろん、それらも「過去」の経験があるものも多いといえるので、「今後起こりそうな事象」をうまく過去から抽出してくることができるかもしれない。むずかしいながらも、いろいろと工夫の余地はありそうだ。それを加味しても、「そこそこ」度合いが若干低くなるイメージは否めない。

では、世の中ではどうやって計測されているのか。現実はというと、やはり過去データを使うことで計測している事例がほとんどである。いまの状態から勘案するとこのあたりのデータが近いのでは、といったことは、あまり行われていない。なぜか、というのはこの本の後半でみていきたいが、それが慣習というか、やや極端にいうと「常識」になってきた。

具体的にはどうするか。いくつかの代表的な方法があるので、概要を紹介しよう。

① ヒストリカル法

過去に起こった事象がまた起こる、というか、過去発生した事象からつくり出される経験上の分布から、将来の事象は発生している、と想定する方法である。過去データ一つひとつが、

「(過去データ数) 分の1」で発生する[2]、と想定して確率分布をつくりあげる方法である。事象一つひとつに対して確率が当てはめられることになるので、確率が確率関数的に表現されることになる。

② 分散共分散法

名前は複雑そうだが、すでに紹介した「正規分布」を使う方法である。過去データを用いて、それらから正規分布で用いられる2つのパラメータを推定して、そのパラメータを用いて確率分布をつくりあげる方法である。わかりやすくいえば、過去データも将来のデータもすべて「同じ正規分布というサイコロ」から出てくる、という仮定を置いていることになる。当然、確率密度関数が登場する。

③ モンテカルロ法

名前からすると複雑そうだが、簡単にいうと、「その他」の方法と思っていただいてよい。分布を推定するときにいろいろな前提を置くのだが、そうすると多くの場合に、数式などできれいに書けないケースがあるので、確率的な動きに関するルールを決めて、そのもとで仮想現実を何度もつくり出す、ということを行うのがこの方法だ。バーチャルにサイコロを転がしている状態、と思っていただければよい。出てきた結果は、発生

---

2 ちょっと凝った方法では、この確率を多少いじったりすることもあるのだが、ここでは最も典型的な方法の紹介をした。

させた「(仮想現実の数）分の１」で発生したものと考え、後はヒストリカル法と同様、確率関数的に取り扱うことになる。

どれを使うかは、その価値の変動の特性に応じて変えている。株価について考えてみよう。具体的なイメージがあったほうがよいと思うので、TOPIX（東京証券取引所に一部上場されている株価の指数）の過去15年分のデータ（月末データ）をみてみよう（図表２－７参照)。

これをみると何がわかるだろうか。このデータで「１カ月後のTOPIX」の確率分布を「ヒストリカル法」を使って推測するとしたら、どのようなことを考えるだろうか。まず、「過去データの値をそのまま用いる」というのは、ちょっと無理があ

図表２－７　TOPIXの過去15年間の推移（1998～2013年）

るだろう。2007年前後、つまり1,600前後の値が突然それなりの頻度で登場するというのは妙な気がする。

では、そこを使わないことにするか。それは１つのアイデアかもしれないが、別の考え方として、「価格そのものをみるのではなく、上昇や下落の度合いをみてはどうか」という考え方もある。「度合い」という意味では変化幅や変化率が候補として考えられるが、株価などの場合、100円のものが10円上昇するのと、1,000円のものが100円上昇する、というのがなんとなく「似たようなこと」という気もするので、変化率を使うことが多い。上記TOPIXの事例を変化率に置き換えると図表２－８のようになる。

このなかのどれを選ぶか、ということであれば、先ほどに比

図表2－8　TOPIXの月次変化率（1998～2013年）

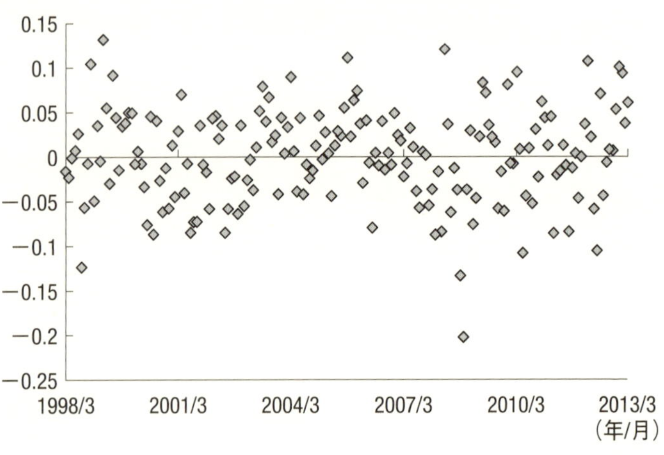

べるとだいぶまともな気もする。また、意外に古いデータも「似たようなもの」にみえてくる。みた感じだけなので、何ともいえない部分はあるが、少なくとも価格データをそのまま当てはめるよりはマシだろう。

分散共分散法はどうだろうか。このデータをそのままみても、これらが「正規分布に従っているものから出てきた結果」かどうかは何ともいえない。そもそも、なぜ「正規分布」だけが3つの方法の1つに選ばれているのだろうか。先ほども勝手に「よく知られた」ということで登場させたが、なぜこんなに注目されているのだろうか。そこについては、やや話が長くなるので、コラム2「正規分布はなぜ特別？」で記すことにする。

さて、では株価の変化率に対して正規分布を使っていいのかどうか、ということであるが、「正規分布である」ということを示すのは不可能に近い一方、「正規分布でない」と言い切るのも、なかなか困難だ。統計的検定といったテクニカルな手法もあるのだが、説明が少々複雑であるので、そちらに興味のある方は専門書をご覧いただくとして、目でみてわかりやすい方法を紹介しよう。それは、Q-Qプロットと呼ばれる方法である。

名前はややこしそうだが、実際はそうでもない。ヒストリカル法を使うと、その方法に基づく「分布関数」をつくることができる。その分布関数と、想定される正規分布の分布関数を比較してみよう、というものだ。もう少し具体的にいうと、過去データを小さい順に並べる。そうすると、それぞれの値に対応する分布関数の値（要はその値以下になる確率はいくつか）が決まる[3]。その分布関数の値をとる正規分布の値と、元のデータを１つのグラフ上にプロットするのだ。似たような分布から元データが発生しているとすれば、斜め45度、いわゆる$y=x$の線上に結果が集まりやすくなるはずだ（もちろんそれでも必ずそうなるというわけではないが）。一方、元の分布がまったく違うものであれば、かなりそこから外れた結果になることが考えられる。

実際にプロットしてみたものが、図表２－９である。

どうだろうか。あらかた大丈夫なようにもみえるが、若干気になるのは左下の部分である。１つ、妙に離れたデータがある。図表２－８をみるとたしかに１つ、ポツンと飛び出している。これは、リーマンショック直後（2008年10月）の変動率なのであるが、かなりずれている。これが15年間で最も低い変化率なのだが、それが仮に「15年に１度」発生するとしたら、そしてそれが「正規分布」から出てきているものだとしたら、やや値がずれすぎている（正規分布だとしたら－13%程度のはずが、実際は－20%となっている）。この１つのデータで、正規分布で

3　厳密には、これを決めるのは容易ではない。データが１つだった場合、その値よりも大きい値がこれから出る確率は50%、小さい値が出る確率は50%と考えることもできる。その方法を、データを増やしながら使っていくと、データがｎ個ある場合、下からｋ個目のデータよりも小さな値が出る確率はｋ／（ｎ＋１）と考えられる。これを、その値に対応する分布関数の値、とする方法もある。ここでは、その方法を用いている。ただし、理論的には必ずしもこれが望ましい決め方というわけではない。

図表2－9　TOPIX 月次変化率データに対するQ-Q プロット

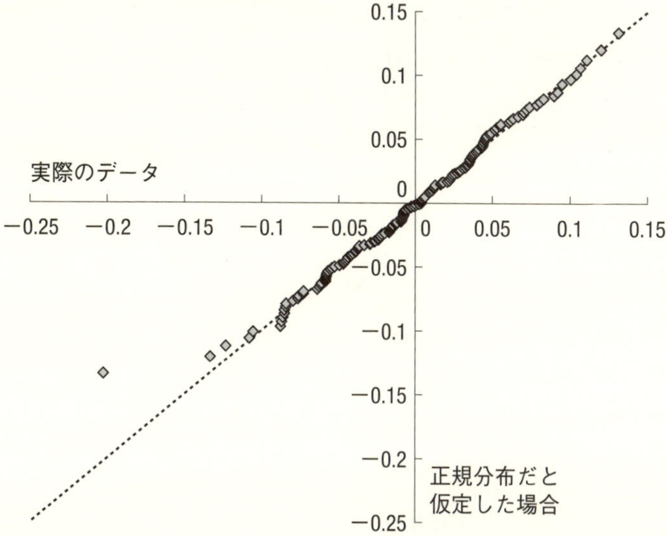

ないといえるのか、それとも、このデータはたまたま例外で、ほかはまあまあ正規分布である、といえばよいのか。そこは何ともいえない。

何ともいえないのだが、気になるのは、われわれが問題にしているのは「リスク」、ということだ。起こったら嫌なこと、というなかにこうした「価格が下落すること」というのが含まれている。正規分布を仮定してしまうと、少なくともその情報は欠落してしまうことになる。少々気になるところだが、とりあえず前に進もう。

モンテカルロ法はどうだろうか。これには、先ほども述べたように「その他大勢」の方法が含まれるうえに、複雑な方法も多いので、本書で説明するにはややこしすぎるかもしれない。一般にこのモンテカルロ法が使われているものとして、信用リスクというものがあるということだけお伝えしておこう。

6 価値変動の足し上げについて

この章も、いい加減終わりにしたいところだが（何しろまだリスク管理の第一歩も踏み出していない状態なのだから）、あと2つ、気にしなければならないことがある。そのうちの1つは、将来の価値変動の足し上げについてである。価値そのものは単純に足し算すればよいのだが、価値変動の場合（図表2－6を思い出してほしい）、それぞれの資産や負債がさまざまな情報の影響を受けて推移していく。きっと共通の情報など（マクロ経済的な要素など）もあるだろうから、その場合は複数の資産や負債が影響を受けるかもしれない。

その一方で、ある資産や負債に固有な情報の場合は、他の資産や負債は影響を受けないかもしれない。確率分布に絞って考えているとしても、それぞれの一定期間後の価値がどのような組合せで発生するかについても、なんらかの方法で記述しなければならない。この難題を解かないと、さらりと第1章で述べたリスクの定義「保有している資産や負債の価値が、将来時点どうなるか確定していないことにより企業の価値（純資産）が確率的に変動すること」の最後の部分、つまり、あれやこれや保有している資産や負債の価値が変動して、「結局のところ、企業の価値（純資産）ってどうなっているの？」の部分を知ることができないのだ。

わかりやすいのは、すべてがヒストリカル法を使える、という場合だ。この場合は、それぞれの動きがどうなるかに関する過去の情報があるので、足し上げるのもそのまま活用すれば大丈夫となる。もっとも、先ほど考えたように、本当に過去のデータをそのまま使ってよいのか、といったことは考える必要がある。個別には考えて大丈夫そうでも、全体をそうとらえてよいかどうかは別問題だからだ。ただし、ヒストリカル法はイメージがしやすいのはたしかだ。

モンテカルロ法の場合、そもそも個々の資産・負債がどのように動くか、ということを決めていくのと同様に、お互いがどのように関連するかを規定してしまう、ということが考えられる。技術的にはなかなか厄介なのだが、結果として、ヒストリカル法と同じような結果が「仮想現実」的に作成されるので、それを利用しようということになる。

分散共分散法の場合はどうか。全部が分散共分散法で導ける、つまり正規分布であるとした場合、ちょっとしたテクニックを使って足し上げることが多い。それは、「正規分布同士の足し算はまた正規分布になる」という、厳密には正しくない[4]のだがそうだと信じて足し上げる方法だ。そう信じると、分布の足し算がとても簡単になる。**相関係数**と呼ばれるパラメータを用いて、足し上げた後の正規分布のパラメータを計算すれば

4　正確には「複数ある確率変数が同時に「多変量正規分布」という多変量の確率分布に従っている場合には、それらの確率変数を足し上げたものは正規分布になる」という、それなりに厳密な前提がつく必要がある。結構混同している人が多いので注意が必要だ。

よいからだ。しかし、この方法が厳密な意味で成り立つには、脚注にあるとおりの前提が必要となる。にもかかわらず、この方法およびこれに類似した方法は、実務ではよく用いられている。ちょっと注意が必要である。

7 リスクの大きさとは？

さて、そんなこんなでまだまだ解決していない問題も多いのだが、ある将来一時点での企業価値（純資産）の分布はわかったとしよう。ところで、その確率分布を眺めると何がわかるのだろうか。純資産がこのような値以下になるのはこの確率とか、そういった情報がふんだんに含まれていることはたしかだ。しかし、情報が多すぎて、うまく活用ができないという問題がある。

そこで、リスクというもののイメージがしやすいなんらかの情報を、この確率分布から抽出して特徴をとらえようということが行われている。わかりやすくいえば、リスクの「大きさ」のようなものを表現したい、ということになる。分布のどんな情報がわかりやすいのだろうか。リスクという意味では、とにかく嫌なことなのだから「いちばん悪い結果」を報告する、というのも１つのアイデアかもしれない。しかしながら、それがどのくらいの確率で発生するかはわからないし、正規分布などを使ってしまうと、無限大の損失といったことがありえてしまう。

モンテカルロ法も、仮想現実をたくさん抽出すればするほど、どんどん悪い結果が出てきうるのでキリがない、ともいえる。逆に、ヒストリカル法はわかりやすいといえばわかりやすいのだが、「過去に起こったいちばん悪いこと」だけをみていればよいのか、という気もする。5回に1回のことなのか、15年分の月次データ（180個）の最悪値なのかによっても、悪い結果の度合いは大きく異なるだろう。

そこで、ある程度「発生する可能性」をそろえる、ということを考えてみよう。そのような発想で考案されたのが、バリュー・アット・リスク（Value at Risk。VaRと書くことが多い）と呼ばれる尺度である。どのようなものか。定義は、「一定期間後に、一定確率で被る最大損失」というものである。何をいっているのか少々わかりにくいので、もう少し解きほぐしてみよう。

実態はあまり複雑ではない。「一定期間」の部分は、特に決め方にルールがあるわけではなく、実務的に望ましい、何かの期間を使えばよい。後は「一定確率で被る最大損失」だが、たとえば95%の確率で被る最大損失とは、言い換えれば「5％の確率ではその損失以上の損失が起こる」といっていることになる。もう少し言い換えれば「5％の確率で起こる最小の損失」ということであり、先ほど定義した「分布関数」を使えば、

$$F(x) = 5\%$$

となるxの値ということになる。

確率の世界では、これは**分位点**と呼ばれるものである。先ほどの、正規分布の確率密度関数を用いて、図表2－10のように表示されることが多い。この図も「面積」などを考えなければならないので、なんとなく遠回りをしているような気がする。

図表２－10　VaR のイメージ（確率密度関数）

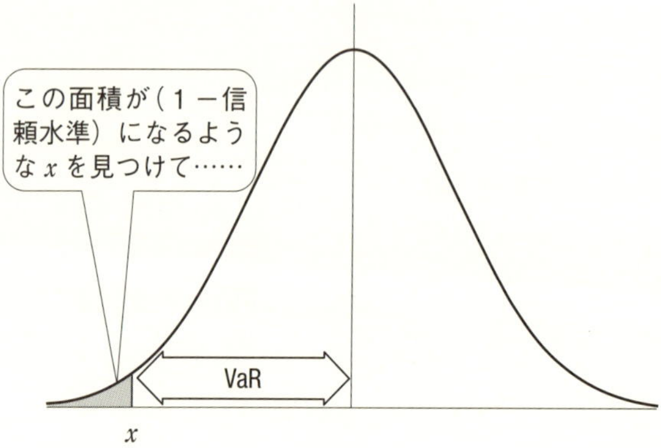

図表２－11　VaR のイメージ（分布関数）

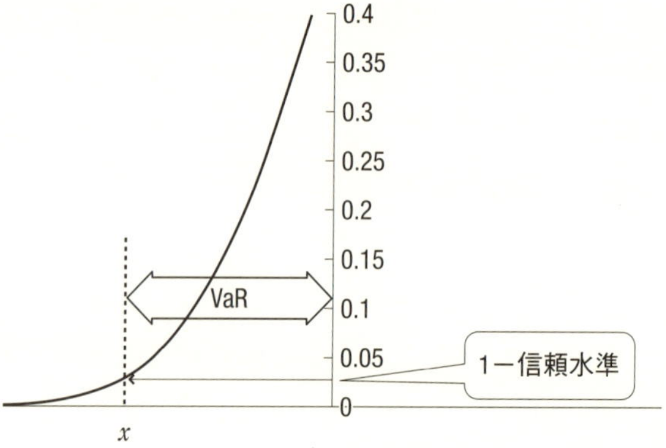

個人的には、図表２－11のように分布関数でVaRをみたほうがかなりわかりやすい[5]と思われる。しかしながら、世の中でよく見かけるのは図表２－10のタイプなので、そういうのもあるよ、という意味で掲載しておこう。

なるほどVaRであれば、同じ確率のものを比較している、という意味では、先ほどよりも大きさの比較ができるようになった気もする。しかしそれを超えて発生する損失のことはいっさい捨象してしまっているのが、なんとなく気になるといえば気になる。では、どうすればよいか。

上記で規定する一定確率（これを信頼水準と呼ぶ）を限りなく100%に近づければよいかもしれないが、これを100%にしてしまうと、いわゆる「最大損失」となってしまい、先ほどと同じで、あまり意味がなくなってしまう。

代替する考え方の１つとして、「信頼水準以下で発生する損失の平均値」というものもある。名前がいろいろあって、CVaR、CTE（Conditional Tail Expectation）などと呼ばれたりする。ここまでくると、そもそもリスクの大きさをどのように用いるのか、というイメージがなければどういうものなのか吟味しにくい。これについては第３章以降で考えよう。

いずれにせよ、リスクおよびリスクの大きさを考える、ということができるようになったので、ようやくリスク管理にたどり着くことができる。

5　なお、離散的な値、つまり分布関数が図表２－２のようになっている場合、（１－信頼水準）に相当する値（グラフ上でyの値が〈１－信頼水準〉となるようなxの値）を見つけることができない場合がある。その場合、分布関数のとびとびになっている部分をなんらかの形で補間する必要がある点に注意すべきである。

コラム2

正規分布はなぜ特別？

本編でも登場したが、皆さんも図表2－3のような正規分布の図（確率密度関数）はみたことがあるのではないだろうか。または、正規分布という名前は聞いたことがあるかもしれない。式自体はとてもわかりやすいとはいえない（注1）のだが、なぜかよく使われている。なぜこれほどまでに人気があるのだろうか。それは、ある数学の定理に関係がある。

その話に行く前に、皆さんは、データが集まってきたら、そのどんな特徴に目が行くだろうか。……といわれてもわからないかもしれない。もう少し具体的な例で考えてみよう。

たとえば、あなたの目の前にとある国の（これまでの知見がない状態をつくりたいので、極論をすればとある星の、くらい飛躍してしまいたいところであるが、後は想像力で補ってほしい）成人男性10人が並んだとする。あなたの興味がその人たちの身長にある、としよう。さて、目の前に並んだ10人をみて、どのようなことを考えるだろうか。

仮に、その10人の身長が、165cm、170cm、178cm、171cm、185cm、168cm、177cm、158cm、181cm、176cmだとしよう。たしかに、「誰がいちばん大きい（小さい）か」といった、10人のなかでの比較という意味では、そういったことも考えるかもしれない。ただし、目の前にある情報から、「この国の成人男性の身長に関してどのようなことがいえるか」と考えた場合にはどうだろうか。その場合には、「ではこの国でいちばん大きい（小さい）人はどのくらいの身長か」と考える人は少ないだろう。おそらく多くの人が、「平均的にはどのくらいの身長か」ということを意識するのではないかと思われる。

平均的な特性、すなわち、データの中心的な特徴をとらえようとする発想は、統計の世界などでもやはり同様であった。そこで、何をするかというと、まずはデータを足すことから始める。「いやいや、足しちゃったら値が大きくなるばかりで意味がないでしょ!?」と思われるかもしれない。たしかにそれはそのとおりなのだが、単に足すわけではなく、足した後で何かで割ったり、引いたりする、という操作を行うのである。この操作のことを正規化という。そして、観測するデータ（注2）をどんどん増やして、それらを足しては正規化していったとき（ここからはいかにも数学っぽい考え方なのだが）、どこか、たとえばある値とか、ある分布とかに収束しないかということを考えた場合、どうなるだろうか。

その結果、2つの有名な定理が登場する。1つは、正規化として「観測したデータの数」で割った場合で、このときは必ず「平均」という1つの値に収束する、というものだ。これは大数の法則と呼ばれる。そして、「観測したデータの数の平方根」で割った場合、今度は（ある条件（注3）が必要なのだが）とある分布に収束するということが知られている。それが正規分布なのである。

つまり、もともとの観測データはどんな分布に従っていてもよいのだが、それをある方法で正規化すると、必ず（極限の意味では）正規分布に従う、という画期的なことがわかったわけだ（これを中心極限定理と呼ぶ）。その結果、あれだけ数式が複雑なのにもかかわらず、正規分布はいろいろなところに登場するようになった。偏差値などもその一種で、よく「偏差値70以上の人は全体の2.3%くらいになる」などという記述があったりするが、あれも、上位2.3%の人を偏差値70以上にしているわけではなく、得点の分布が正規分布に近いという想定のもとで用いられている確率なのである。

ところが、ここで気をつけなければいけないのは、これはあくまでも分布の中心的な特徴を考えたい場合の話だということだ。一方、リスク管理においてみておきたいのは、「おそらくそうそうは起こらないはずなのだが、起こったら困る」ような事象、つまり、どちらかというと分布の端（一般に裾と呼ばれる）部分の傾向だ。先ほどの話でいえば、どれくらい身長が高い（低い）人がいるのか、ということに注目していることになる。

このとき、正規分布というのは、あまり中心的役割を果たしてくれないということが知られている。それどころか、正規分布は、「上限が存在しない（無限大まで値が存在しうる）分布のなかでは、最も裾が薄いグループ」に属するということがわかっている。つまり正規分布は、中心の世界では中心的存在なのだが、裾の世界では、そのなかでも裾、しかも運が悪い（？）ことに最も裾が薄い存在なのである。リスクを考えるうえで、裾が薄い分布を想定する、ということは、VaRなどの値を相対的に小さく見積もることになる。

図表２－12は同じ平均と標準偏差（この言葉は初めて登場したが、簡単にいえば正規分布を規定する２つのパラメータの１つと思っていただきたい。もう１つは当然「平均」である）をもつ２つの分布関数を描いている。線の細いほうが正規分布で、もう１つは違う、より裾の厚い分布である。同じ信頼水準を設定すると、ある部分からは正規分布のVaRのほうが小さくなってしまうことがおわかりいただけるだろうか。仮に、本来ならば裾の厚い分布で推定すべきだったリスクの大きさを、正規分布でみてしまうと低く見積もってしまいうる、ということを示唆している（注４）。

このことは、分布の「裾」を研究するうえにおいても重大な問題を引き起こした。分布の裾、つまり極端な値の統計的や確率的な振る舞いを研究する学問を「極値理論」というが、極値

図表2－12　同じ2つのパラメータをもつ分布なのだが……

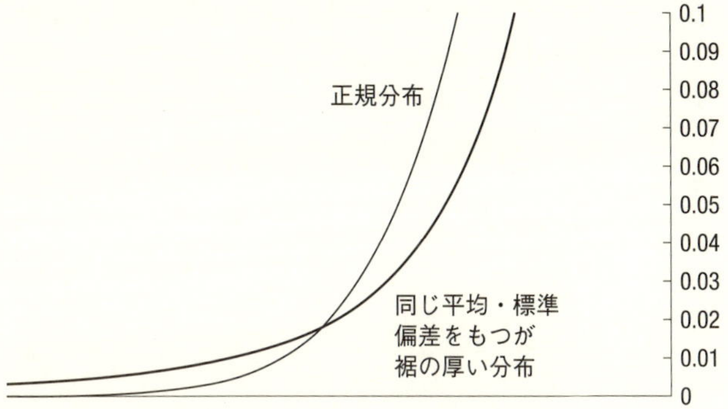

理論の大家である、グンベル（E.J. Gumbel）はその著作“Statistics of Extremes”（河田竜夫・岩井重久・加瀬滋男監訳『極値統計学』廣川書店、1963年）の前書きのなかで、「極値の基礎理論はなに一つとして簡単には正規分布と関係がないため、これらの研究の大部分がこの分布から手掛けられたという事実は、逆にその理論の発展を妨げたようである」と記している。

では、リスク管理に正規分布を用いていて大丈夫なのか。いやいや、当然ながら大丈夫なわけはない。これについても古くから警告が発せられている。1987年10月に発生したブラックマンデー時の1日の株価変動がどの程度の頻度で発生するのかを、正規分布を仮定して推定すると、宇宙発生からこれまでの時間などでは比較にならないほど「めったに起きないこと」という計算になるそうだ。にもかかわらず、いまでもリスク管理のなかで正規分布やそれに類似した考え方は使われている。もちろん、その危うさをきちんと承知して活用していればよいのだが、現実はどうだろうか。

いずれにせよ、正規分布は「中心的傾向における中心的存在」という意味で特別視され、よく活用されているのだが、「端の傾向においては端の存在、それも最も裾が薄い存在の一種」という意味では、裾部分では中心的存在ではない分布である、ということを覚えておこう。

（注１） 確率密度関数の式を一応書いておくと、

$$f(x)=\frac{1}{\sqrt{2\pi\sigma^2}}\exp\left(-\frac{(x-\mu)^2}{2\sigma^2}\right)$$ である。

（注２） 細かいことをいうと、同じ分布から独立に取り出す必要がある。

（注３） 元の分布の分散（２次モーメント）が存在しているという条件が必要だ。大数の法則も、元の分布の平均が存在しているという条件が必要になる。

（注４） さらにいえば、信頼水準の選び方によっては正規分布のほうが大きなリスク量となることもあるのだが、そうだからといって、この２つの分布をみて、どちらのリスクが大きいと思うかというと、それは裾が厚い分布のように思われる。それが先ほどVaRの説明のなかで記述した、「VaR以上の損失のことを捨象してしまっている」ために起こるVaRがもつ問題（弱点）である。

第 3 章

リスクを管理する

さて、リスクの定義およびその大きさを測る、ということが考えられるようになった。そうはいっても、まだまだフワッとしていることも多いのだが、そのフワッとしているところをいろいろ考えだすと、これまたキリがない。まずはいったん「測れた」ということにして、では測ったリスクをどう使うか、すなわち、リスクを「管理」するとはどういうことかについて考えてみよう。

1 リスクを考えるのはなぜか？

リスクとは、保有しているモノの「価値」が将来どう変動するか、そのわからなさ（不確定度合い）を表したものであった。その度合いをみることで、何がわかるのだろうか。なぜ、そのリスクをみたいと考えるのだろうか。

言葉の「リスク」という響きだけをみると、どうしても「どこまで価値が下落してしまうのか」に注目が集まりやすい。もちろん、それをみておくことは重要である。これは、「安全性（健全性）の確保」という観点である。この観点からすると、リスクは小さければ小さいほどありがたい、ということになる。

そうはいっても、何も損するばかりとは限らない。価値がどう変動するかわからないといっている以上、「価値」が上昇する可能性もある。そうなれば、純資産が拡大する。つまり、企業の価値が高まるということになるのだ。図表１－３を思い出していただきたい。

この両者は、将来の価値分布における違うサイドをみていることになる。片方（下落側）をみれば不安になり、「安全」に行きたく（リスクを小さくしたく）なる。反対側（上昇側）をみると夢がふくらむので、できればもっと可能性を広げて、より「有利」にしたく（リスクを大きくしたく）なる。

この両方の望み（安全と有利）を同時に実現することは無理である。やや脱線するが、時々、パンフレットとか金融機関のご案内のようなもののなかで、「お客様からお預かりした大切な資金を安全かつ有利に運用します」といったフレーズを見かけることがある。キャッチフレーズとしては心地よいように思えるのだが、よほどすごい情報をもっていない限り（専門的にいうと裁定取引、すなわち、絶対に損をせず、一方で得をする可能性があるといった運用手段を使えるような情報をもっていない限り）、事前の段階でその２つを同時に満たす状態をつくり出すことはできない。

個人的には、こうしたキャッチフレーズが書かれたパンフレットなどをみるたびに苦笑してしまうし、信用できないな、と思ってしまう。もちろん、そこまで深く考えているわけではなく、安心してもらいたくて書いているのだとはわかっているのだが、できれば「安全性と有利性のバランスをとって運用します」とでも書いてもらえれば、と思う。それでは印象が悪くなってしまう、ということなのだろう。でも、できないものをできるというのは、よくないと思うのだが……。

閑話休題。両方の望みが同時には叶わない以上、どこかに妥協点を見つける必要がある。妥協点、という言葉はあまりよくないかもしれない。自分として最も居心地がよいと思われる、「安全性（一般には健全性といわれる）」と「有利性（一般には企業価値の拡大などといわれる）」のバランスを考える、そのためにリスクを考えるのである。格好よくいえば、「最適化」ともいえるかもしれない。しかし、ここでいう「最適化」とは、コンピュータがピタッと答えを見つけてくれるような最適解ではない。以下に述べるように、「安全性をどこまで求めるか」「どのリスクをとることで有利になれると期待できるのか」といったことを自らの経験や情報などをもとに、主体的に考え、悩み、決断し、行動し、その成果を見極め、時に反省し、次に進む、ということが「最適化」なのである。煎じ詰めていえば、これが「リスク管理」であり、リスクを考える理由である。

2 「安全性」について考える

そのためには、何を考えればよいのだろうか。一般的には、最初に「安全性」を意識することのほうが多い。わかりやすい、ということもあるし、そもそもどこまで背伸びできるかを考えるためには、どこまで損失を被っても大丈夫なのかをまず定めておくことが必要だ。もちろん、リスクを考えるので、「どのくらいまでの間に、どの程度の確率で、どの程度の損失（発生したら困ることの度合い）まで認めるか」という表現になる。

ここでも「絶対安全」といったことは、フレーズとしては素晴らしいのだが希望することはできない。もちろん、いっさいリスクをとらないという方法もなくはないのだが、ビジネスを行う以上（そして「有利」になりたいと思う以上）、絶対安全は望めない。であればこそ、「どこまでの安全を追い求めるか、言い換えれば安全の限度をどこに定めるか」といったことをまずは考えなければならない。

さて、どの程度の損失を考えるべきだろうか。1つの極端な考え方としては、「どのくらいの確率で資金が底をつくか」というものをみる、ということだろう。ここでいう「資金」とは、いわゆる「自己資金」、すなわち純資産のイメージである。純資産が底をついてしまうということは、どうなっているかというと、将来支払うべき負債の価値のほうが将来得られるであろう資産の価値よりも大きくなっていることを意味する。負債のことは「債務」とも呼ばれるので、これは、いわゆる債務超過である。実際の企業では、「価値」の観点で債務超過＝破綻というわけではないが、たとえ計算上であったとしてもこうなってしまったら大問題なわけで、一種の破綻とみなしてよいであろう。

自らが破綻する可能性なんて考えたくもない、という方も多いだろうが、リスク管理において、そうしたシナリオを想定しておくことは重要である。極端な安全神話のもと、問題のありそうなシナリオについてあえて意識しなかったために、いざそうしたことが発生した場合に対応が後手後手に回ってしまい、さまざまな問題が引き起こされた、という事象を、われわれは最近いろいろなところでみている。具体例は差し控えるが、そうした反省も込めて、恐怖のシナリオも想像しなければならない。

さて、少々脱線したが、破綻という事象とその発生頻度について、1つの参考になるのが、格付会社が公表している「格付別のデフォルト率」である。ムーディーズ社が2012年に公表した資料[1]によると、1920～2011年の間において、A格の企業が1年後にデフォルトした確率は平均すると0.097%となっており、Baa格では0.272%となっている。もっとも、この確率も

1　ムーディーズ・インベスターズ・サービス「年次デフォルトスタディ：社債・ローンのデフォルト率と回収率 1920-2011年」

所詮は過去の平均値であり、時代によってもっと高かったときや低かったときがあるのだが、仮に、自分がこれと同程度の安全度を求めるのであれば、「１年後に、自分の価値が下落して、自己資本がすべて毀損してしまう確率がXX%以下となるようにする」というのが、安全性についての具体的な１つの指針となる。その場合、第２章で述べたバリュー・アット・リスク（VaR）という指標を用いると、その信頼水準を「自己資本が毀損してしまう確率」と整合的に定め、保有期間を１年とすることで現在の純資産と比べることにより、その安全性を達成できているかどうかを知ることができる。

もちろん、これ以外の条件をいろいろ考えることもあるだろう。破綻以前に、この状態になるとあまり好ましくない、といったことがあると思われる。単年度の赤字とかもあるだろうし、金融機関の場合は規制上の制約などもいろいろとある。それらは必ずしも、ここで考えているような「価値」の変動を考慮したリスクというものと整合的であるとは限らない（というか、現実は整合していないケースのほうが多い）のだが、そうした点も考慮しつつ、自分が求める「安全度」とはどういうものかについて、きちんと考える必要があるだろう。

3 「有利」について考える

一方、安全性の確保とともに重要な概念である、価値を高めるという概念、言い換えれば、どうすれば「有利」になれるのか、という点について着目してみよう。

ところで、最初に自明なことを確認しておこう。リスクをとったところで、「自動的に必ず高いリターンが得られる」というわけではない。「虎穴に入らずんば虎児を得ず」とはいうものの、虎穴に入れば必ず虎の子が得られるわけではない（そもそも、虎の穴って本当にあるのか、という気もするが、それはさておき……）。まして穴のなかに親の虎がいたりしたら、生命の危険もある。同様に、リスクをとれば失敗する（損をする）こともある。

「そんなの当然だろう」と思われるかもしれないが、このあたりを丁寧に解きほぐしておく必要がある。リスクをとった瞬間に、必ず「有利」になれるわけではない。まして、リスクをとる、と計画した段階で有利が確約されているわけでもない。リスクをとった結果として、（時間が経過して）自らが保有するものの価値がよい方向に「転じた」場合に、はじめて有利となるのである。したがって、「有利に運用します」という用語は、気持ちとしてはわからなくもないものの、間違っても「必ず有利になるように運用します」という意味にはなりえない。

せいぜい、「有利になることを期待してリスクのある運用をします」といっているにすぎないのである。

ここでいう「期待」をするという発想自体は、決して悪くはない。失敗を覚悟する以上、なんらかのプラスを期待するのは当然であろう。では、ここでいう「期待」とは何だろうか。1つイメージとして考えられるのは、「うまくいったら」ということかもしれない。ただし、その「うまくいく」の度合いにもよる。奇跡的にうまくいったら儲かるけど、そうでない大半の場合は大損するというのでは割に合わないし、あまり「有利」という気分ではない。そうしたリスクからは撤退したいと思う方が多いだろう[2]。

では、もう少し「有利」となるようなものを考える必要がある。たとえば、これも1つの考え方でしかないのだが、「期待」という言葉を「平均」と置き換えてみよう。実際、「期待値」という言葉もあるくらいなので、そうおかしな飛躍ではなさそうである。そうなると、「期待値として有利になる、つまり利益が得られるような運用をする」ということが目指すべきもの、ということになる。

さて、ではどのリスクが期待値としては有利に、もう少し丁寧にいえば「平均的にみれば企業価値の増大に貢献する」もの

2　もっとも、宝くじなどは、「大損」するわけではないが、奇跡的にしかうまくいかないし、期待値としては損をすることがわかっているにもかかわらず、個人には人気がある。このあたりの個人の「満足度」は、研究という意味では面白いのだが、ここでは割愛する。一方、リスクをとる手段として宝くじを使う、という金融機関は皆無であろう。

なのだろうか。

理屈から考えると、リスクを活用する前提として、リスクが計測できたということにしている以上（そうはいっても、それは第２章で述べたように所詮は「そこそこ」程度なのであるが）、将来、どのような分布になるかがわかっているはずだから、その期待値も計算できるはずである。

第２章３「確率分布を推定すること」のなかでも述べたが、雨の降る確率など自然現象であれば、毎回の分布が正しいかどうかはわからないものの、何度か似たような状況を繰り返していくなかで、適中率といったものが把握できる（しかもそれは向上する傾向にある）。要は、「必ず正しいわけではないが、そこそこ正しい」ように思われる。

一方、株価や金利など、市場関連のもの、社会科学的なものについては、一般には「どの程度変動するかという推定よりも、期待値の推定のほうがむずかしい」といわれている。そうなると、期待値などを考えても当たっていないのだから意味がない、といわれてしまいそうだが、ここは無理筋であることを多少なりとも認識したうえで先に進めよう。

まず、大雑把なイメージ（一般にいわれていることというか考えられていること）として、世の中に出回っているようなリスクのある商品にはなんらかの「プラスの期待値」があるだろう、ということがある。もう少し厳密にいえば、たとえば１年間運用すると考えた場合、無リスクで運用することによって得られるリターンよりも高い期待値が得られるべきだろう、ということになる。これは、誰かが保証してくれているわけではなく、あくまでもそう思っている人が多いとか、そう思っているからこそ売買が成立しているのだ、とかいった程度の根拠にすぎない。

「ファイナンスの教科書にそう書いてあるじゃないか」という方もいるかもしれないが、ファイナンス理論が成立する理想の世界のための前提が、すべて現実の世界で成立しているわけでもない。実際、1990年以降の20年間の日本株式の推移をみてしまうと、本当にプラスの期待値があったのかと疑いたくなってしまう。だからといって、これから日本株式を買う人は、「期待値としては儲けられる」と考えている人が多いだろうし、そうした考えを否定する必要もない。

では、世の中に出回っているリスクをとってさえいれば、「正しいリスクのとり方だ」と胸を張ってよいのか。ここは判断がむずかしいところだが、少なくとも金融機関という立場を考えると、あまり望ましくない。金融機関の株主の立場からみると、市場でリスクをとるという自分でもできることを、わざわざ金融機関にやってもらう必要はない。しかも、金融機関がリスクをとる理由が、「世の中で取引されている以上、期待値はプラスであるべき」といった根拠のみに基づくのでは、なおさらである。

では、何を根拠に「有利になれる」ことと期待し、さらにそれを周り（株主など）からみても納得してもらえるようにできるのだろうか。

4　リスクの好み（リスク選好）とは？

この答えとして、その金融機関という組織のリスクに対する「好み」が重要である、といったら、そんな感覚論を持ち出すとは随分乱暴な、と思われるかもしれない。しかし、常にこの「感覚」の問題はかかわってしまうのである。

もちろん、どのようなリスクをとることによって有利になれるかという問題を、客観的に、科学的に解こうという試みがなされなかったわけではない。ここでは省略するが、ポートフォリオ理論とか、さまざまな理論が考えられ、そのなかで、それなりの成果は得られてきたように思われた。しかしながら、金融危機のときもそうであったが、それらの理論もやや、いや相当に揺らいでしまった。それらの理論が100%否定されたということはないと思われるのだが、それらの理論を純粋に客観的に用いることについては、おおいなる疑問符がつくようになってきた[3]。

それでもリスクをとっていかなければならない。そこで登場するのが「リスクの好み」を明確にするという考え方である。

専門用語では、これをリスク・アペタイト（Risk Appetite）

3　言い換えれば、こうした理論を純粋に用いるという場合でも、その理論の前提となっているパラメータやモデルを信じることを主観的に決めていると考えなければならない、ということだろう。

と呼ぶ。アペタイトを辞書で引くと「食欲」などと出ているので、直訳すれば「リスクをどのくらい食べたいと思っているか」とでもなるのだろう。ただし、何でもいいからたくさん食べたいということではなく、好みの問題もある。そのためか、リスク・アペタイトは「リスク選好」などと訳される。ここでいう「好み」は必ずしも、食べたい（攻めたい）＝有利になりたい、といったことばかりではない。

では、あらためて「好み」とは何だろうか。これを決定するのは決して簡単ではない。

一例をあげれば、食べ物の「好み」にしても、すべてのものを食べたわけではないなかで、絶対的に正しい「好み」があるわけでもない。同じときに食べるわけでもないので、比較も容易ではない。もっとも、個人的な好みならば勝手に思い込んでしまえばよいし、特に誰かに迷惑がかかるわけでもない。一方、金融機関経営（組織）として、リスクの「好み」をどう考えればよいのかとなると、かなり事情は異なってくる。リスクなどという、かなり複雑なもの（確率などがかかわってくるもの）に対して「好み」といわれても困るし、まして、その確率にも未知の部分があるのに、どうやって「好み」を、しかも経営として決めることなどできるだろうか。考えただけで途方に暮れてしまうようにも思える。

しかし、やや逆説めいた言い方だが、この「途方に暮れる」という感覚を常にもちながら、「好み」の探求をしていくことこそが求められる姿勢なのである。そのために必要と思われる、いくつかのポイントをあげておこう。

① 自分の状況を把握する：どのようなリスクをとっている（これまでとってきた）のか、ということをあらためてみつめ直してみる。

② リスクとは何かを考える：世の中にどのような種類のリスクがあって、それらはどのようなものか、自分で理解・制御できそうか、よくない結果になっても仕方ないと思える覚悟はあるか、ということを考えてみる。

③ 周りの環境を把握する：リスクは周りの環境によって変わりうるものである。やみくもに自分の好みを押し通すだけでなく、環境を把握し、情報を集めることによって、各リスクに対する自らの考えを補正することも必要になる。

④ リスクの限界を考える：リスクを考えても、すべてが把握できるわけではない。その限界がある、ということを考え、常にどこかに「慢心」がないかをチェックしておく。

⑤ 悩みながらも決断する：放っておいてもリスクはある。わからないので現状維持、というのも１つの「決断」だが、考えて実行したほうが、「好み」の探求への経験値は増す。その際、自分にはいったいどのような強みがあるのか、といったことも考えるようになるはずである。

こうやって並べてしまうと、なんだか人生訓のようにみえてしまう。実際、経営というものはそういうものかもしれない。

こんなことを悩みながら、「安全性」と「有利」の狭間で、リスクというものを考えるのがリスク管理なのである。

5 〈補論〉「リスク」の価値を決めるとは？

ところで、金融機関のリスク管理のなかでは、もう1つ重要なことがある。それは、「金融商品の価値」をどのように決定するか、というものである。銀行・保険会社・証券会社など多くの金融機関では、金融商品を自ら開発して販売する、ということを行っている。取引所取引の場合は単に取次だけを行うこととなるが、いわゆる相対取引だったり、個人向けの金融商品(預金、保険など)、貸出金だったりする場合、価格は（ものによっては先方との交渉で決まる場合もあるが)、金融機関側が決定することになる。

この際に重要であり、一方でむずかしいところでもあるのが、コラム1－2で述べたが、金融商品という将来キャッシュフローの価値、しかも（ほぼすべての場合において)「不確定なキャッシュフロー」を含んでいる金融商品の価値をどう決めるか、という部分である。

ここで、考え方は2種類ある。「不確定なキャッシュフロー」も含めて、①販売直後に第三者に引き渡す場合と、②販売後も自らがそのキャッシュフローを引き受ける場合である。前者の場合は、その「不確定なキャッシュフロー」を売却できる、ということになるので、その市場（卸売市場のようなものだと思えばよいだろう）での値段がすべてとなる。相対で売買することもあるのだが、そのときは相手の提示する値段を想定して、ということになる。

一方、後者の場合は、自らが引き受けることになるのだが、ここでも、「リスクに対する自らの好み」が登場してくる。先に述べた「有利」の話においても、そのリスクをいくらで引き受けられるから有利、もしくは有利でないと判断することになるので、結局は価格いかんであるということになる。他方、自ら開発する商品については、自分でリスク（厳密にいえば将来のキャッシュフローが不確定要素のことなのだが、ここは言葉の定義が少々混乱してしまうのをお許しいただき、リスクと呼ぶことにする）を引き受けることになるので、そこで値段を決める際にも、このリスクに対する「好み」を考えて、それに対して必要と思われる「対価」を基準に決める必要がある。

こう考えていくと、自らの好みが価格設定にも反映される、ということになる。もちろん、現実の売値となると、それは購入する側の好みもあるだろうし、競争相手の価格設定にも影響されるのだが、その売値を決めるもとになる、いわゆる「原価」を考える際には、そこを見据えておく必要がある。リスクに関して、どこまで許容できるかという安全の観点や、いくらなら引き受けられるか（そのリスクについて自身がどの程度強みがあると考えているか）という有利の観点から、どの程度の原価であるべきか、ということを判断することになる。

そして、売値を設定する際には、その原価を上回っているのかどうか、もしも下回る場合には、それでも販売するのか、という判断が必要となる。もちろん、どのような商品でもそうだが、マーケティングなどの戦略上、原価割れをしてでも販売するという判断もありうる。しかし、その場合でも、いつまで販売するのか、大量に売れそうになったらどうするのか、といった対策は考えておく必要があるだろう。

リスク管理の観点から原価を考え、確認することはとても重要になってくる。価格設定は販売量に影響を与えるが、販売量によって、保有するリスクの大きさが変わってくるので、そこで自らの「好み」も変わってきうるからだ（あまり多くなると食傷気味になるなど）。しかしながら、現実のリスク管理を見渡すと、なぜか価格設定についてはあまり意識されていないというか、それはプライシング側の問題であってリスク管理とは関係ない、と考えられていることが多い。もしくは、リスク管理の観点からも意見発信するのだが、結局は販売側の論理に打ち消されてしまうことも多いようだ。これには、リスク管理というものが生まれてきた経緯なども影響しているのだが、それについては、第５章でまた触れることにしよう。

ところで、余談のさらに余談になるが、「不確定なキャッシュフローも含めて、販売直後に第三者に引き渡す場合」であっても、価格決定時における第三者との取引価格だけで価格を決めてよいかどうかは気をつけておく必要がある。価格決定から販売までにはどうしても時間差が生じることがあるが、その後、環境の急変などが発生して、想定した価格での売買が成立しないといったことが起こりうるからだ。

これは、通常の商品と異なり、仕入れてから売るのではなく、売ってから仕入れるという、金融商品特有の問題[4]でもある。その場合、金融機関は売却によって損失を被るか、思わぬ「在庫」を抱えてしまうことになる。その際、自らにとっては「好ましくないリスク（およびその価格）」であったとすると、大きな問題である。商品の販売量（および時として売却量）のコントロールがむずかしいなか、こうした事態の発生可能性を考えるということも、リスク管理の重要なポイントとなる。

4　もっとも、一般的な商品の場合、仕入れの量を間違えると思わぬ在庫を抱えてしまう、ということもあるので、順番が違うとはいうものの、卸売・小売のバランス（量および価格）をどのようにとるかについてのむずかしさはどちらも同じであろう。

6　ところで「管理」とは？

さて、先ほどからリスクを考えることがなぜ大事か、どういう観点でリスクを考え、判断し、実践に移すべきか、といった話をしてきた。それがとても大切なので、だから「管理」をしましょう、ということを伝えてきたのだが、ここでの「管理」というワードは若干曲者である。

読者の方々は、「管理」という言葉にどのようなイメージをもたれるだろうか。アパートの「管理」人であったり、健康の「管理」であったり、入国の「管理」や書類の「管理」といったものが思い出されるかもしれない。これらの言葉にほぼ共通しているのは、アパートが平穏無事であるとか、健康でいられるとか、不法入国がないとか、書類が紛失しないとか、そういった目的のためにやるべきことが決まっていて、それを確実にきちんとこなせばOKというようなニュアンスである。

もっとも、健康について考えてみると、昔は健康の常識といわれていたことが、現在では非常識になっていたりすることもあるので、必ずしもこうすれば絶対大丈夫ということはないのかもしれない。昔といまを比較しなくても、あまたある「健康法」のどれが本当に正しくて、どれが本当はよくない（もしくは気休め）か、わからないものも多いように感じる。他のものについても、よくよく深く考えてみれば、絶対的にこうすれば大丈夫というようなことはないのだが、あくまでニュアンスとして、そんな印象がある。さらにイメージをふくらませれば、何かマニュアルのようなものがあって、「これとこれをチェックしておけばOK」というような戸締り的なイメージにもつながりそうである。

さらに考えてみると、アパートでのトラブル、健康を害すること、不法入国、書類の紛失といったことを「防ぐ」ことがゴール、というイメージもあるだろう。「攻めるよりは守り」といったところだろうか。

一方、「リスク管理」は、英語ではRisk Managementである。Managementはマネジメントとそのまま使われることもあるし、管理という訳語を当てることもあるが、経営という訳を使うことも多い[5]。こうなると、ちょっと語感が変わってくる。経営というものにマニュアルがあって、「これとこれを実行しておけばOK」ということはないだろう。また、「守っていればよい、防げばよい」ということもないだろう。

一時、『もし高校野球の女子マネージャーがドラッカーの「マネジメント」を読んだら』(「もしドラ」) なる小説 (映画にもなったそうだが) がはやったが、その元になっているドラッカーの『マネジメント』(ダイヤモンド社、2008年) も、当然な

5　ところで、マネジメントをする人のことを「管理職」と呼ぶのだが、この語感がどちら (経営者なのか、いわゆる戸締り的な管理者なのか) に感じられるだろうか。人によっては、これまでの上司 (管理職) たちの言動や振る舞いに依存するのかもしれないし、同じ「管理職」でも、2種類の人をみた、という方もいるかもしれない。

がら「経営」という観点で記述されている[6]。ここでいう「経営」には、戦略とか、イノベーションとか、選択とか、意思決定とか、そういったイメージが含まれている。どの道を選べば正解ということはないが、基本や原則をふまえたうえで、考え悩みながら決断を下す。これが「経営」としてのマネジメントであり、リスク管理（リスクマネジメント）もそこにつながるべきなのだ。

ただ、どうも「守り」のイメージがリスク管理にはついてしまっているようにも感じられる。詳しくは第5章をご覧いただきたいが、「これとこれをやっておけば大丈夫」というイメージ、特にリスクというもともとの言葉の響きが、「好ましくないもの」「起こってほしくないこと」というものであるため、どうしても「防ぐ」「回避する」という観点のみのリスク管理を想定している人が多いようである。

東京リスクマネジャー懇談会（TRMA）が、金融財政事情研究会から出版している『リスクマネジメントキーワード170』という本がある[7]。この本は2009年に改訂されているのだが、その際、従来の『リスク管理キーワード100』からタイトルも変えてしまった。その理由として、前書きで「リスク管理は経

6　真面目に『マネジメント』を読むと、経営者がその組織のために何をすべきか、ではなく、社会のなかの組織として、その組織のマネジメントが果たすべき役割などが記述されている。さらには企業＝営利企業ではない、と書かれている。ここをきちんと理解しつつ、それでもある意味で「有利」を目指すのが経営として適切である（と考えている）のだが、そのあたりの理解もしておかなければならない。とはいえ、かなり話が込み入ってくるので、後は読者の努力に委ねたい。

営そのもの」という考え方を強調したかったといったことが記されているが、言い換えれば、「管理」という言葉の語感は、やや「経営」とは違うということなのだろう。

実際、本書の執筆にあたって、タイトルも含め、「リスク管理」ではなく「リスクマネジメント」という語を用いることも考えたのだが、日常的に「リスク管理」という用語が用いられていることと（一方、リスクマネジメントという言葉も普通に用いられてはいるのだが）、タイトルが長くなりすぎてしまうといったことを勘案して、あえて「リスク管理」とした。ただし、ここでいう「管理」は「経営」、つまり正解のない世界において意思決定をすることなどが含まれている点を、きちんとご理解いただきたい。

さて、脱線が続いてしまったが、一応、リスク管理とは、組織の「安全」、すなわち健全性をどの程度に保つか、そしてどのように「有利」、すなわち企業価値の向上を目指すか（そのために、どのリスクをどの程度とるか）ということを考え、実践し、確認し、検証し、次に進める、という「経営としての取組み」のことである、ということはわかってきた。次章ではもう少し、「理想的なリスク管理の姿」を追い求めてみることとしよう。

7　2013年現在、筆者はTRMAの共同代表を務めているが、この本が発刊された時はまだ共同代表ではなかったので、同書の執筆に直接は関与していない。

第 4 章

望ましいリスク管理の姿

第３章において、リスク管理の目的について述べてみた。簡単にいってしまえば、①リスクをとるということによって「有利」になりたい（企業価値を向上させたい）、ただし、②とんでもない損失を被って経営が行き詰まってしまうような可能性を極力抑えることで「安全性（健全性）」も確保したい、という２つの希望のバランスをどのようにとるかを考えて実行することが重要なので、だからこそ管理（＝経営）をするということであった。

本章ではもう少し具体的に、理想的なリスク管理の姿を構築するために必要なものとして、PDCAサイクル、そしてそれを支えるためのリスク・ガバナンス、特に計量化において必要なインフラ、そしてリスク文化について触れることにしよう。

1 リスク管理における PDCA サイクル

まず、リスク管理を実行するうえで重要なのは、前章でも述べたが「好み」を明確にする、ということだ。健全性と企業価値向上の観点から、どのようなリスクをどれだけとるか、ということを明らかにさせるための枠組みが必要だ。より専門的な言葉を使えば、「リスク・アペタイト・フレームワークを確立する」といわれたりする。これについては、ある程度は第3章で記述したので、決めることのむずかしさなどについてはここでは省略しよう。

リスクの好みについての全体像は経営レベルで決めることになるが、詳細をすべて決めることはむずかしい。より具体的なリスクのとり方については、組織のさまざまなところで案を構築し、組織として意思決定したうえで、それを実行に移していく必要がある。そして、その成果を確認し、次にその反省を生かしていく、というプロセスが必要になる。一般的にいわれるPDCAサイクルはリスク管理でも重要になるのだ。

では、以下、各サイクルのステップでどのようなことを行うべきかについて記述していくことにしよう。話が味気なくなってもいけないので、それぞれについて、団体スポーツの例と対比させていこう。団体スポーツにとっては、大きな意味での戦略（自分たちが勝つためにはどんな試合展開にもっていきたいか、どのようなプレーを行うか）が、リスクに対する「好み」のようなものに相当すると考えられる。また、団体で戦略を実現させるためには、組織としての意思疎通が必要と思われるので、そのあたりも組織としての「リスク管理」と通じるものがあるように思われる[1]からだ。

なお、筆者は団体スポーツの監督やコーチを行った経験があるわけではないので、わかりやすさのために記述はしているものの、「現実はそうじゃないんだよ」といったお叱りがあるかもしれないが、理解の一助のためのイメージということでお許しいただきたい。

1　筆者が2013年に参加した国際アクチュアリー会（IAA）のなかにあるASTIN（損害保険数理関連の学術団体）年次大会で、アリアンツという国際的な保険グループのCRO（Chief Risk Officer：リスクに関する最高責任者）であるトム・ウィルソン（Tom Wilson）が講演中に、「リスク管理はチームスポーツと類似点が多い」といっていたのが大きなヒントとなっている。

2 P（Plan）とは？

PはPlan、すなわち計画段階である。

ここは当然ながら重要なプロセスである。一般には、まったくリスクをとっていない状態から計画を立てるのではなく、現状保有しているリスクや、純資産などの状況を把握するのが第一歩となる。そのうえで、まずは全社レベル、経営レベルでのリスクの「好み」との整合性を考えることになる。純資産は限りがあるので、健全性の観点を重視すると、すべての「好み」を実現することは不可能とか、中長期的なビジョンとしてのリスクの「好み」とは別に、次年度をどのようにとらえるか（市場環境やマクロ経済環境、さらには競争環境など、複数の要素が絡む）、必要に応じて「好み」の修正を迫る必要もあるだろう。

さらに、プランニングの段階で、よりきめ細かいリスクのとり方についても計画していく必要がある。リスクのなかには、いつでも市場に出回っていて流通量が高いものから、めったに出ない掘り出し物のようなものまで、さまざまなものが存在している。特に、めったに出ないもの、出るかどうかわからないものについては計画の段階で、どのように判断するのかをある程度決めておく必要がある。

たとえば、異なる業態や、同じ業態でも異なる地域（海外など）の会社を買収するといったことも大きなリスクの「好み」

に入るわけだが、そうしたものはさすがに、スーパーで買い物をするようにいつでも品ぞろえがあるわけではない。だが気持ちとしては、そのようなリスクをとりたい場合には、計画上はそれらがとれる可能性も考えておく必要がある。

理想的には、そのような出物が登場したときに、想定されるリスクの大きさ（さらにいえば、それが企業全体のリスクにどのような影響を与えるか）と、想定されるリターンの大きさ（買収金額などもその重要な要素となるだろう）などから、実施すべき、と判断されれば、その時点で買収に必要な資金や、買収後でもリスクの「好み」の範囲に収まるように必要となる追加的な資本量の調達をすればよい（増資などの手段を用いる）、ということになるのだが、現実には、そんなにすぐに調達できるわけではない。特に、資本の調達は容易ではない。

だからといって、それらが出てくる可能性を信じて、いつまでも資本を置いておくとすると、待っている間は自分たちがとりたいリスクのレベルよりも低い状態になってしまうので、「企業価値向上」の観点からの効率性は落ちることになる[2]。このあたりもどうするのか（どんなものを待つのか、いつまで待つのかなど）、プランの段階で考えておく必要がある。

2　待っている間、流動性の高い他の「リスク」をとっておく、という手もないわけではない。しかし、そうしたリスクがそもそも自らの好みに合わないものであればやるべきではない。余っているのはもったいないとはいっても、だからといってどんなリスクでもとらないよりマシ、というような考え方は（絶対にダメ、というわけではないが）、あまり勧められるものではない。

そうしたことも勘案しながら、この計画の期間において、どのようなリスクをどれだけとるかということを考えるのが、Pのプロセスである。リスクをとるということは、そのリスクに対して（必要な）資本を割り当てるということであるので、資本配賦と呼ぶこともある。

また、リスクをとると想定している以上、期待しているリターンというものもあるはずだ。その目標についても、明確に設定しておくことが重要だろう。どのようなねらいでそのリスクをとったのか、その際に想定していた「期待」は実現できたのかといったことを、後の「C」のプロセスで検証することになる。その意味でも、それぞれの「リスク」について、誰が責任をもってとっているのか、ということを明らかにしておく必要がある。リスクの責任者のことを、「リスク・オーナー」と呼んだりもする。実際には、さらに細かいレベルでリスクテイクを行っていくことになるので、会社のなかでは複数階層の「リスク・オーナー」が存在することになる。

団体スポーツで考えると……

Pのプロセスは、試合前のミーティングのようなものに相当するだろう。

練習で自分たちの強みや弱みはわかっていて、そのなかで試合をこのような展開にもっていきたい、という「好み」は確立されている。それを具現化するためにどのようなことをするかということを、ミーティングで確認しておく必要がある。特に、サッカーのような団体競技の場合、プレーが始まってしまうと細かく指示ができないので、事前の打合せで動きを確認しておくことは重要だろう。もちろん、実際の試合となれば相手もいるので、「好み」をそのままぶつけていいかどうかははっきりしない。このあたりは市場環境や競争環境を考える部分に相当する。

さらには、この動きについては誰が責任をもつ、といったことも明確にしておく必要があるだろう。そこが「リスク・オーナー」といった部分だろうか。リターン（どのように勝ちたいか）の目標についても、さすがに何対何で勝つといった予想屋のようなことはしないだろうが、守り合う、攻め合うといったなかで、おおよそこのくらいの点数で、といったことは考えているだろう。

ただ、それはスポーツの場合、監督などの頭のなかだけで想定されていて、選手には伝えられないことも多いように思われる。それはおそらく、選手が聞いて、実際にそれを達成してしまう（例：あるトーナメントでベスト４を目標にして実際にベスト４に入ったとする）と、気が緩んでしまう（その結果、準決勝で実力が発揮できない）、といったメンタル面への影響を考えてということなのだろう。

3 D（Do）とは？

さて、計画を立て、資本を配賦し、目標を決め、リスク・オーナーを決めた。後は実行するのみである。それがDoのプロセスである。

淡々と実行していくなかで、思いどおりの成果があがれば何の苦労もないが、リスクをとる、という計画は、当然ながら確実な成果が保証されているものではない。出だしでつまずくことも、おおいにありえる。計画しているときは想定していなかったこと、もしくは想定はしていたけれどもまさかそんな急に、といったことも時にはみられる。その際にいつも悩むのが、「さて、計画を考える際に置いていた前提や信念は正しかったのだろうか」というものである。

昔読んだSF小説[3]で、コンピュータが突然人間に対して妙な命令を下し、なぜだろうかと疑いながらも人間が従っていたら、後でとてもよいことがあった、という話があった。後にそのコンピュータは多少おかしくなり、とんでもない指令を下すのだが、今度は誰一人として疑うこともなく従ってしまう、というオチがついているのだが、リスクテイクの計画はほかならぬ人間が考えたものである。つい疑ってしまうのは当然であろ

3　星新一の「おカバさま」というショートショートである。

うし、特に出だしでうまくいかなければ、後付けの講釈でなんとでも批判することはできる。

では計画を変えるかというと、朝令暮改という四字熟語が示すとおり、ちょっとした変動に一喜一憂するのは考えものである、と思えてしまう。計画を立てている段階から多少のブレを一つひとつ気にして、そのつど考え方を変えることは、少なくとも歴史的にはあまり正しい態度だとは思われていない（だからこその四字熟語であろう）。まして、組織決定した計画の場合はなおさらであろう。計画として決めた以上、その意義を汲んで、妥協せずに追求していくべきである。昨今はこういうことを「こだわり」と呼ぶので、ここでも肯定的な意味で計画にこだわるべきだ、ということにしよう。

言い換えれば、こだわりをもって遂行するに足る計画をきちんと考えるべきだ、ということになる（この大変さを経験すると、計画時によりいっそう悩むことになるのだが）。といっても、あまりにもこだわりすぎていたら、それはそれで問題である。計画時点で想定していなかった事象や、新たなビジネス展開などの可能性が生じた場合、結果論ではなく、事前に「計画を変えて実施すべき」という判断を下すことがまったく許されない、というのは硬直的であり、問題なようにも思われる。ある程度の柔軟性を持ち合わせなければならないだろう。

このように、リスクテイクを実践していくなかでは、こだわりと柔軟性という２つの要素が同時に求められるのだ。もちろん、この２つのバランスを適度に保ちながらDoのプロセスを実行するのは容易ではない。では、どうすればよいのだろうか。

1つの手法として、計画段階ではある程度このような事態が生じることを想定しておいて、「市場があるレベルまで達したら、XXリスクについては再考する」「損失があるレベルまで達したら、協議する（もしくはポジションを強制的に減らす）」といったポイントを決めておくことが考えられる。こうした考え方は、多くの金融機関で採用されている。これにより、計画にこだわりながらもある程度の柔軟性は確保されることになる。

こうしたポイントを事前に決めておくもう1つのメリットとしては、実際にそのような状況に陥ったときに、組織として混乱が生じてしまって、冷静な判断ができない、といった事態を回避できることがあげられる。筆者は20年ほど前に、アメリカのあるファンド会社を訪問したことがあるのだが、そのときも「よいファンドマネジャーとは、自分で決めたルールに自分で淡々と従うことができる人」と聞かされた。最初聞いたときは、そんなの簡単ではないかと思ったのだが、実際、損が増えたときなど、冷静になれない人がとても多いという話であった。

その後、いろいろなケースをみているが、たしかに、ルールとして明確に組織決定していない場合（たとえば、リスクをとるときに、「まあ、こういう状況になったら解消ですかね」といったことをトップが話していて、空気としてはそうだろうな、という感じだが、特に記録には残さなかった場合など）、いざとなるとやはり「いや、もう少し待とう」といった声が出たりして、計画の変更ができないことも多くあった。

もっとも、このようなポイントを事前に決めるやり方にも気になる部分はある。計画で想定した事象は、将来発生しうるすべての事象を網羅しているわけではない。また、想定した事象についても、必ずしも計画段階で検討した処置をとるのが適切かどうかはっきりしない（その事象が発生している背景によっても異なる）こともある。しかしながら、上記のような「対処方法」が決まってしまっている場合、組織としてそれ以上の可能性については思考停止してしまい、現実に発生した事象に対する柔軟な対応がより困難になるといったケースも散見される。

よく、リスク管理の「Do」の部分を「モニタリング」と称するケースがある。モニタリング自体は、どのような事象が発生しているかをみるという意味ではとても重要なのだが、その言葉に込められた意味が「計画時に決めたチェックポイントが発生しているかどうか」だけのモニタリングだとすると、ルールだけを重視してしまい、リスクに対する視野を狭めてしまう、という皮肉な結果に終わってしまいかねない。

それ以外に柔軟性とこだわりのバランスをとるには、とにかく状況に関する判断を下すための材料、すなわち情報を集めておく必要があるだろう。もちろん、ただ集めればわかる、というものではない。学校の宿題ではないので、情報が集まったとして、それでも判断が正しく行えるという保証はどこにもない。それでも、いろいろと集めたうえで、最後は誰かが決断を下すことになる。それが「リスク・オーナー」であるケースが多い。任された以上、変更するかしないかの判断も、責任をもって行う必要がある。

このように、「Do＝実行する」というプロセスでも、これだけいろいろと考え、悩み、そこで判断する、ということが多いのである。

団体スポーツで考えると……

団体スポーツのDoは、まさに「試合そのもの」ということになる。

これも、リスク管理のDoに共通していることが多い気がする。順調にいっていれば、まさに「計画どおり」に進めていけばよい。しかし、当然ながら想定どおりにいかないことはよくあるもので、その場合、やはり悩むことは多い。計画どおりの采配でいいのか、それとも柔軟に変えていくのか。スポーツの場合は、監督の判断もあるだろうし、いざというときは現場の判断も多いだろう。よいチームは、どこまでは現場、どこからは監督といった境目はある程度決まっているように思われる。それでも、決して判断は簡単ではないだろうし、後からいろいろなことをいわれる場合も多い（特にその判断が失敗に終わった場合）。

ちなみに、リスク管理の「Do」の話において、こだわりと柔軟性のバランスの話をするとき、時々たとえ話としてあげるのがサッカーの試合である。試合前のミーティングで「前半は守りを重視して、相手が疲れてくる後半勝負」といったプランを立てたとしよう。そして、いざ試合が始まってみたら５分後に、味方フォワードが相手キーパーと１対１になったとする。ここで、「前半は守りを重視するという計画だったのだから、ここでシュートはしないほうがよい」と考え、パスを回す行動をとったとしたら、さすがに問題視されるだろう。その一方で、「守り重視といっても早めにシュート打ちたいな」と各自が勝手に考えてドンドン前に行ってしまっては、それはもはや柔軟性というよりは、無計画と同じになってしまう。

サッカーにあまり詳しくない筆者などは、そのバランスをどのように保っているのか、試合をみていてもあまりわからないのだが、きっとうまいチームはそうしたバランスもとれているのだろうな、と思っている。

4 C（Check）とは？

リスクをとるための計画およびその実践は、当然ながら「結果」を追求して行っているので、一定期間が経過すると、その期間での結果が明らかになる。その結果に対する評価を行うのが、PDCAの「C」のプロセスである。一般には「パフォーマンス評価」と呼ばれる。

リスクをとったことに対する「結果」は何かというと、なんらかの金銭的・経済的な意味でのメリットが享受できたかどうか、ということになる。端的にいえば、もっていた株が値上がりしたかどうか、ということになろう。

ただし、どれだけメリットがあったか、ということを測るだけであれば、あまり複雑ではない。単に「どれだけ儲かったか」をみればよい、ということになる。しかしながら、それでは「評価」というよりも単純な結果比較にすぎない。プロセスのなかで一生懸命検討していた「リスク」という概念が抜け落ちてしまっている。大きくリスクをとって一か八かに賭けた戦略と、リスクをコントロールしながら実施した戦略とを一まとめにして、単にメリットの大きさだけで評価してしまうのは、あまり意味があるとは思えない。

そこで、一般には、「とったリスクに対してどのような成果が得られたか？」を考えようとすることが多い。専門用語では、

「リスク調整後パフォーマンス評価」(RAPM：Risk-Adjusted Performance Measures）などと呼ばれたりもする。具体的には、リスクを調整して評価するために、リスクの大きさを表す値で得られた成果を割ってみたり、得られた成果からリスクに応じたコスト（そのリスクをとるために保有しなければならなかった資本に対するコスト）を差し引いてみたりする。そうして得られたリスク調整後の評価をもって、この期間のパフォーマンス、すなわち業績を評価しようということになるのである。

もっとも、「言うは易し」というのは世の常であり、これもまた一筋縄ではいかない。大雑把にいえば「リスクの大きさ」に応じて調整したいところだが、リスクの「大きさ」とは何か、というのは簡単な問題ではない。第２章でも、バリュー・アット・リスク（VaR）といった指標は紹介しているが、本当に２つのリスクの「大きさ」が適切に評価できる指標なのか、と真面目に考えると悩んでしまう。

その意味では、どういう考え方でリスクをとらえていて、その結果、どのような観点で比較がなされているか、もしくは、どういった観点が抜けているか、といったことを常に考えながら活用することが本来的には望ましい。しかしながら、実務で活用する以上、常に悩みながらという姿勢は大事である一方、ある程度は割り切りで話を進めなければならない。さまざまな切り口でみる、複数の指標を使ってみるといった努力を怠ってはならないが、なんらかの定量的尺度を活用することは必要であろうし、判断の材料としては有用だろう。

さらに、1つの資産や負債、さらにはリスクのなかには、複数の要因が混ざっていることも多いので、どのような要因がその損益に貢献したかを見極めるような工夫も必要であろう。

さて、なんらかの手法を決めて、定量的にパフォーマンスに関する評価指標が導けたとして、それをどのように使えばよいのだろうか。

最も簡単な使い方は、その指標を単純に使って成果のよい順に並べる、という方法だろう。学校の成績のようなものである。たまたま「ヤマ」が当たって成果が大きく出たとしても、それは結果であり、それも含めて評価する、というような考え方だ。これも決して悪いことではない。特に、その評価を今期の業績と結びつけるのであれば、ある程度はっきりさせるためにも必要なことであろう。

ただし、その評価を今後の戦略に活用したいと考える場合、単純な比較は危険ともいえる。戦略がよかったから結果が得られたのか、たまたまうまくいっただけなのか、もしくは逆に、戦略はよかったものの運が悪く、今回はたまたま業績に結びつかなかったのか、それともやはり見直すべきなのか、こうした判断を行うためには、どのような要因でこうした成果が得られたのか、またどのような要因が想定外の影響をもたらしたのかといったことについて、さまざまな角度から分析することが求められよう。

また、こうした分析を行う際には、単なる数値的な評価ではなく、定性的な評価も必要となるだろう。たとえば、なんらかの大きなイベント（自然災害、政治的な動きなど）が自らのリスクテイクや戦略の執行にどう影響したかといったことは、単純に定量的には評価しにくい部分である。

これらの作業にもまた、残念ながらこうすれば要因がきちんと把握できる、という正解はない。リスクをとるという戦略に正解がない以上、ある程度は運の要素が絡んでいた部分はあるだろうし、それが今後同じように作用してくれるかどうかはわからない。そこの見極めはきわめてむずかしいのだが、それでも可能な限り冷静に、いろいろな角度から検討を行って、次の計画に結びつける必要がある。こうしたことを行うのが、PDCAの「C」である。

団体スポーツで考えると……

スポーツの場合、「C」は試合終了後のミーティング・反省会のようなものに相当する、と考えられる。

これも、リスク管理でのパフォーマンス評価と似ている部分が多い。勝った場合でも負けた場合でも、必ずミーティングは行われるものだろうが、そこで試合の貢献度などを見極めておくことで、個人への業績評価につなげることは、特にプロスポーツであれば必須であろう。

それ以外にも、計画もしくは作戦どおりに動いた結果うまくいったのか、たまたまだったのかといったことを見極めておくことも、今後のためには重要であると思われる。

野球で考えれば、バント失敗の後のホームラン、サインを見間違えたのにたまたまうまくいった単独スチールなどをどうみるのか、ということである。それ以外にも、スポーツの場合は、記録に残らない動きのミスや、もしくは想定どおりのカバー（をしていたので相手がそちら側から攻撃できなかった）などへの評価も必要となる。

さらに、リーグ戦のような長期戦の場合、目指すところは目先の勝利なのか、それともシーズンを通して「好み」を貫き通すのか、というあたりをふまえて検討することも重要になるだろう。

ちなみにこの振り返りに関しては、個人スポーツ、たとえばゴルフなどでも有効である、といわれている。試合中は冷静なようでいて、その場その場で必死になっているため、後で振り返ることで、自分の戦術を忠実に守っていたのか、それとも本来そんなことをしないつもりだったようなプレーをしてしまったのか、意外によくわかることが多い。

本来ならば「こういうプレーをしよう」と思っていたのに、その場の勢いで別のことをしてしまい（一般には無理に攻めてしまうことが多いが）、たまたまうまくいってしまったものを、どう自分のなかでとらえるか。結果はよかったが、やはり反省するか。それとも周りに「あれはなかなか思い切ってよかったね」といわれて、「いやいや、たまたまですよ」と返しつつ、まんざらでもない気分で、反省もせず次回も同じことをして（往々にして）大失敗となるか[4]。「C」のプロセスの重要性は、スポーツでも同じ、と思うゆえんである。

4　あくまでも筆者個人の経験だが、ついつい後者になってしまうことが多い。これについては「こんな自分がリスク管理のPDCAサイクル云々などと、語っていてよいのだろうか」と反省を繰り返しているのだが、なかなか高度化されないのが悩みである。

5 A（Act）とは？

PDCAサイクルのうち、「PDC」までご説明した。残るは「A」である。

計画して、実行して、評価したら、次はまた計画ではないか、と思われる方も多いかもしれないが、特にリスクを活用するうえで「Act」の部分（Actといいながら、なぜか一般には「改善」と訳されることが多い、その理由は後述）がきわめて重要となる。そのためにはまず「A」で何をするかについて、あらためて確認する必要がある。そのために、PDCAサイクルの生まれについて少しみてみることにしよう。

PDCAサイクルとは、もともとは品質管理の分野から発生してきた用語である。この概念は、日本にもなじみの深いエドワーズ・デミング（Edwards Deming）博士が提唱したものといわれている（デミング博士自身は彼の師匠が提唱した概念であると説明していたようである）。そのなかで、「A」の部分は、計画と実行のギャップについて調べたうえで改善をするステップだと考えられている。品質管理で考えた場合、Checkの段階では計画上で想定された成果と、実行した結果との比較・評価を行うのに対し、そのギャップについてなんらかの対策を講じるのがActだ、ということになる。

ある部品などを作製する現場などについて考えた場合、どのような部品を構築するか、という計画を立てるステップが「P」、そして実際に構築するステップが「D」、結果として作製された製品が計画時に想定したものとどれだけ違っているかを検証・評価するプロセスが「C」、そしてその違いが発生している原因を検討し、必要に応じて修正（機械の微調整や、新たな作製手順の検討など）を加えるのが「A」となる。したがって、次の計画は、異なる、よりレベルの高い環境下で行われることになるので、サイクルとは呼ぶものの、同じところをクルクル回っているわけではなく、螺旋（スパイラル）的に上昇していくイメージとなる。図表4－1のような感じだ。

図表4－1　PDCAはサイクルではなくスパイラル

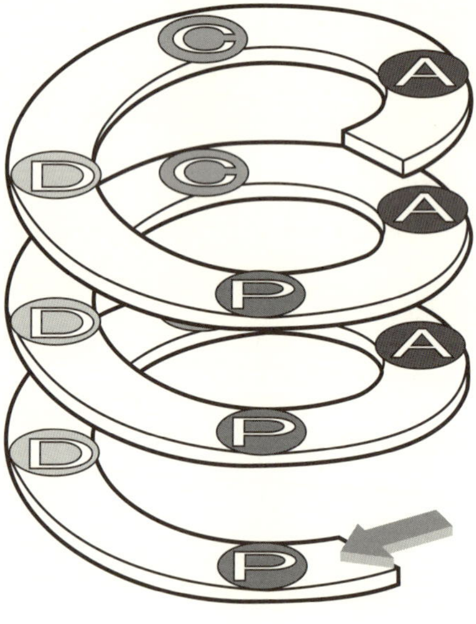

そうして試行錯誤を繰り返しながら、より高い品質を生み出していく、というのがPDCAの元来の目的である。それが「A」を「改善」と訳すことが多い理由である。英語の「Act」にそうしたニュアンスがあるかどうかといわれると、あまりそうは思えないのだが、そうしたこともあってか「A」をActではなくAdjust（調整）ととらえることもあるそうだ。

たしかに品質管理の場合は、「A」（改善）の意味がわかりやすい。では、リスク管理における「A」とはどうとらえればよいのだろうか。リスクとは自分でコントロールできるものではなく、外部要因によって（事前にはどうなるかわからないので確率的に）変動するものなので、そこを「改善」することなどはできそうにないようにも思われる。

しかしながら、よく考えるとリスク管理においても、多くの「改善」の要素が含まれていることがわかる。

いちばんわかりやすい例は、自らが計画し、とったリスクにおいて、自分が把握していないような変動要素が顕在化したケースである。この場合は、これまではその変動要素があることを考慮せずに、リスクを測ってそれに基づいた計画を立てているので、結果として隠れた変動要素が大きな損失の元になってしまう場合がある。損失に気づいた時点で、その原因を調べてみた結果、自分たちの計測方法における欠陥に気づいたとすれば、そこでまさに「改善」が必要となる。

もちろん、実際にはそう単純にはいかないケースも多い。仮にそうした要素が今期は明確にみえたとしても、それが今後も継続的に影響するかは（リスクだけに）はっきりとしない。その場合、ある程度の定性的な判断なども必要となる。いずれにせよ、そうしたことを考慮することで、従来までは把握できていなかった要素も織り込んで次の計画に進むので、これはたしかに螺旋的に上昇するイメージとなる。

ただし、そうした要素がはっきりとみえるケースは少ない。その場合には「A」のステップでやることはないかというと、そうではない。リスクの場合、計測できない不確実な要素というものは必ず内包されている。実際、経済学のなかでもリスクと不確実性は使い分けられることがあり、計量的に把握できない将来の不確定な要素のことを「不確実性」、もしくはこれを提唱したフランク・ナイト（Frank H. Knight）の名をとって「ナイトの不確実性」と呼ぶ。金融危機時にはこうした現象が大きく取り沙汰され、リスク計量の限界が指摘された。

それでもリスクを把握し、どのようにリスクをとるかについては考えなければならない。決断をした時点で思考停止してしまって、自分たちの把握したリスクを妄信してしまっては困るので（決して正しくはないのだから）、その限界や弱点を認識し、常に少しでも新たに加えられる要素はないかなどを検証するのがリスク管理の「A」の重要な要素になる。この場合、必ずしも次のステップにおいて何か目にみえる「改善」がなされたことにはならないかもしれないが、根拠なく信じ込んで次の計画立案に進んでしまうのと、リスク計測の怖さや危うさを再認識したうえで進むのとでは大きな違いがある。それを繰り返していくうちに、その差は埋められないほど大きなものになっていることが多い。

団体スポーツで考えると……

スポーツの場合、「Act」とは何か。これは、「(特に試合後の) 練習」の一部に相当するのではないだろうか。

特に、自らの「好み」を貫くため、もしくは修正するために、練習で動きを確認したり、技術を磨いたりする部分は、まさに「改善」を目指すということだろう。

このプロセスを実現させるためには、どんなゲームプランがあって、実際に試合をして、その結果、どのような評価なのかを冷静に判断しておくことが必要となる。

筆者がまだ学生だった20年(いや25年以上か……)前の頃、テニスサークルに所属していたのだが、そこでの練習は通り一遍のものであった。ところが、ちょうどその頃、海外、特にアメリカでのテニスの練習メニューに関する内容が書かれた『世界の名コーチが教えるテニス・ドリル』(スキージャーナル、1986年)が発刊され、その内容に(大げさにいえば)衝撃を受けた。試合に勝つという目的に向け、一つひとつの練習が意味をもっていたのである。いまから考えれば当たり前だろう、という気もするが、もっと早くこういうことを知っていれば、と思ったものだ。

6 リスク・ガバナンス

さて、PDCAサイクルにより、無事リスク管理の望ましい姿をつくり出すことができた。ただし、実際にはこれらを実現させるために必要なもの、望ましいリスク管理を支えるいくつかの要素がある。まず1つ目は、「リスク・ガバナンス」である。

ガバナンスとは何か。ちょっと聞き慣れない言葉かもしれない。日本語では「統治」と訳されたりもする。政府、大学、メディアなど、さまざまな組織において、組織の目的という観点から、その機能が適切に実行されているかどうかを、主権者が確認する仕組みのことを指す。企業では、コーポレート・ガバナンス（企業統治）といわれることも多い。その場合、経営者の行動や判断について、利害関係者（株主や従業員、監督官庁、預金者、契約者、広くいえば社会一般）が確認し、企業の目指すべき目的と整合的であるかをチェックする仕組みのこととなるだろう。

それをリスクの観点、リスク管理の観点で活用するものがリスク・ガバナンスということになる。リスク管理のPDCAサイクルというのは、一見するとうまく回るようにみえるが、ことが特に「リスク」という、専門的であり、なかなかとらえにくいものであるために、時には暴走してしまうこともある。そこで、常にチェック・牽制機能を働かせておく必要がある。

なお、ここで重要なのは、あくまでも「組織の目的のため」のチェック・牽制機能である、ということである。第3章の最後で、リスク管理の「管理」の意味を「守り」ととらえるべきではない、と述べたが、ここでのチェックも同様の意味となる。リスクをとる、という判断に対して、「失敗したらどうするのか？」と問うのは簡単だし、ましてやリスクをとった後でそれがうまくいかなかった場合、それを批判するのは誰でもできる。しかし、「ガバナンス」とはそういうことではない。企業としてのリスクの「好み」は適切と考えられるか、その「好み」は適切に実現されているのかをチェックする機能ということになる。

リスクをとるということは、金融機関の場合、経営そのもの（管理→マネジメント→経営、ということを思い出そう）であるので、そのチェック機能を経営が行うことはできないはずだ。したがって、その機能は経営をチェックする機能、すなわち取締役会が担うことになる。なるはずなのだが、現実は、特に日本では、残念ながらそうした役割が果たされていないようだ。

7 計量化のためのインフラ

リスク管理において欠かせないものが、リスクや価値を計量するためのインフラ、すなわちデータやモデルなどである。

ついついリスク管理のサイクルなどを考えだすと忘れがちだが、各プロセスで活用されている数値などは、インフラを活用して計量・導出されている。価値やリスクについては、こうすれば確実に答えが出るというものではない、ということは第1章、第2章で説明してきたのだが、それでも、リスク管理を実践するためにはなんらかの方法で推定しなければならない。

推定するための方法はいろいろと考案されているのだが、どれも技術的にそれなりのレベルが必要となるうえに、確率やらデータ推定方法やらの数理的知識が必要となる。しかも、一般的な金融機関となると多くの資産・負債、そしてそれぞれにさまざまなリスクがあるため、モデルの種類も多くなるし、データの量も多くなる。これらを効率的に処理するためには、手計算ではとても対応できないので、システム対応も必要となる。

さらには、組織として活用するためには、これらの計量化プロセスがブラックボックスになっていては困る。そのため、どのようなモデルになっているのか、どのようなデータを活用しているかといったことについて、そのプロセスを明らかにし、組織として共有化しておくことが求められる。1つの方法としては、モデル内容の文書化があげられる。ただし、単に計算マニュアル的に記録されていても、「２度と誰も読まない」ものになってしまう可能性がある。とはいえ、誰でも楽しく気軽に読めるようなものが書けるとは到底思えないのだが……。

そこで、組織内でどのような計算を行っているのか、特にどのような前提を置いているのか、その結果、そのモデルにはどんな特徴があるのかといったことを、必要に応じて（定期的に、など）検証し、それを説明する、といった機会を設けることも必要だろう[5]。特に、リスクの「好み」を判断するのは経営トップであり、その経営者たちに対して、どのようにわかりやすく、しかし「省略しすぎて重要なことが伝えられていない」ことがないように伝達していくかが、重要なところである。

こうした問題もあることから、時々「経営者がわかるレベル以上に、モデルを複雑にしてはいけない」という論調を耳にすることがある。その考え方も重要である。モデルの高度化は時として、単につくる側（もしくはモデルを売りたいと思っている人たち）の自己満足である場合も多いので、不必要な高度化はもちろん不要だし、仮に多少は進化するとしても、それによって増す複雑さに比べ、理解しやすさが減りすぎると考えられる場合には、そうした高度化は選択しないというのも正しい判断であろう。その見極めも重要なポイントであり、何でも簡単に

5　このステップは単に「経営向けの説明」ということではなく、特にPDCAサイクルの「A」、改善のプロセスにおいても重要となる。

してよいわけではない。時には粘り強く高度化の必要性を経営者に訴えることも必要である。世の中、時には「面倒くさいかもしれないが、越えなければいけないこと」もあるのだ。

8 リスク文化

さて、望ましいリスク管理を支えるために必要と思われるものの最後が「リスク文化」である。「文化って何？」と思われる方も多いかもしれない。実際、リスク文化の説明にはいつも苦労させられている。

そこで、少し楽をするために、世の中でどういわれているかをみてみよう。東京リスクマネジャー懇談会（TRMA）が2009年に発刊した前掲書『リスクマネジメントキーワード170』によると、「組織内において、社内文化として浸透している、リスクに対する姿勢、対応パターン、行動様式、考え方等の総称」と記されている。

また、ジェームズ・ラム（James Lam）はその著書『統合リスク管理入門――ERMの基礎から実践まで』（ダイヤモンド社、2008年）のなかで、ERM（Enterprise Risk Managementのこと。本書でいう「リスク管理」とほぼ同義と思っていただいてよい）が成功するために必要な７つの教訓の１つに、「リスク管理のハード面とソフト面のバランスを保つこと」をあげている。ここでいうハード面とは、リスク管理機能の独立性やリスク評価、監督体制の確立、リスク管理方針や規定の明確化など、PDCAサイクルを実現させ、ガバナンスを機能させるために必要なプロセス、システムなどのことだ。一方、ソフト面とは、人・技術・文化・価値といったものを重要視するという面を指している。この両面のバランスが大事ということが、教訓の1つとされている。

これらを聞いても、なんとなくピンとこないかもしれない。そこで、例をあげてみよう。これは、筆者が聞いたある商社の話である。

総合商社の多くが、2000年代にリスク管理を導入した（その背景はいろいろとあるのだが）。その内容について、ある役員の方が、「多くの社員、特に若手の社員などが気軽に、リスクを軸にした議論をしているのをみて、社内のリスク文化が浸透したというのを感じ、その重要性を認識した」といっていたのを聞いて、これにはなるほど、と思わされた。第5章でも述べるが、（少なくとも当時の）金融機関というのは、リスク管理をある意味で規制上の要請で「やらされていた」感があった。一方、商社は特に規制上求められているわけではなく、内部からの必要性として導入したものであり、強制されているものではない。そのなかで、リスク文化の浸透が必要であり、大きな成果の1つとして語られていたのは、面白いというか、説得力があった。

どうだろうか、多少はピンときていただけただろうか。筆者なりの考えとしては、「リスク」という正解がないものに対して意思決定をすること、そして、活用している数値にもさまざまな前提が置かれていること（まったく間違っているわけではないが、いつでも100%正しいわけでもないこと）、こうしたことを共通認識化し、そのなかでリスクという考え方を組織において活用する重要性を共有化することが、リスク文化なのではないかと考えている。それらを共有化していくために、もっておくべき心構えについては第6章に記した。

このリスク文化、日常生活においても重要なものだと考えている。それについては、「おわりに」で記述することとしたい。

さて、これらの要素を兼ね備えれば、リスク管理というものはどうやらうまくいくと考えられる。もちろん、好みをどう設定したらよいのか、組織のなかでうまく実現させるにはどのようなルールをつくればよいのかなど、細かいことは多く残されているのだが、本章のことが実現できれば、設計図としてはよさそうである。

では、現実のリスク管理も当然ながらそうしたことがうまく実現できているのか。それについて、第5章でみてみることとしよう。

第 5 章

リスク管理の現状と課題

第４章では、リスク管理の望ましい姿について、その概要を記述した。では、それを実行すればよいのではないか、と思われるだろうが、リスク管理の現実は、なかなかそう単純にはいかないところがある。本章ではリスク管理の現状について、これまでの章で述べてきたリスク管理のあるべき姿と比較しながらみていくことにしよう。

1 リスク管理の実際？

さて、そもそも国内の金融機関はどのようなリスク管理を行っているのであろうか。当然ながら、多くの金融機関ではリスク管理を行っている。たとえば、年に１度公表している「ディスクロージャー」をみると、そのなかで、重要な経営管理の１つとしてリスク管理が記載されている。

ここまで読まれた方は、せっかくの機会なので、どこかの金融機関のディスクロージャーを手にとって該当ページに目を通してみることをお勧めしたい。「手にとって」といったものの、そのほとんどがわざわざ金融機関に出向かなくても、その会社のホームページに掲載されていることが多い。これはありがたいことである。しかも、PDF形式で掲載されていることが多いので、「リスク管理」という言葉を検索すれば、どこに出ているのか、一発で見つけられる。

さらに、できれば、なのだが、１つの機関ではなく、似たような、すなわち同業の金融機関についてもみてもらいたい。まず気づくのは、割と「似ている」記述が多い、という点である。

銀行のディスクロージャーをみてみたとしよう。筆者自身もすべてに目を通したわけではないが、多くの銀行において、「リスクが複雑化・多様化」しているため、その把握・管理を行う体制の重要性がより増加していると記されている。そして、そのためにもリスクを管理・把握・監視[1]する体制の整備・強化・向上に努めている、としている。さらに共通しているのが、具体的なリスク管理体制において、リスクを市場リスク、信用リスク、オペレーショナル・リスク、流動性リスクに分けている（それらをさらに詳細に分けている例もあるが）一方、これらを「統合的に把握・管理することが重要」として、統合的なリスク管理を行っているところも多い。その説明の後に、それらを管理する体制（部門、委員会など）が記述されている。

したがって、どうやらこれらが銀行に共通した一般的なリスク管理の枠組み、といえそうである。それにしても、なぜここまで共通化されているのだろうか。

もちろん、各金融機関がリスク管理について試行錯誤しながら体制を整備していくなかで、自然と同じようなものにたどり着いたのではないか、ということも考えられるのだが、さすがにそれだけでここまで共通化しているとは考えにくい。実際には、やはり規制監督の流れが大きく影響しているようである（理由は後述するが、簡単にいえば、「お役所のいうとおりにしていれば」的風土ということか）。具体的には金融監督や検査における指針、すなわち監督指針（地方銀行でいえば「中小・地域金融機関向けの総合的な監督指針」）や金融検査マニュアル（「預金等

1　それぞれの用語がどのように使い分けられているかは不明だが、把握だけでは物足りないし、監視というのも不正をチェックしているイメージがある。もっとも、管理という言葉を使っている側の意図も、前述したとおり、気になるところではあるのだが……。

受入金融機関に係る検査マニュアル」）の影響が大きいと考えられる。

一例として、金融検査マニュアルをみると（これもみたことのない方はざっと眺めてほしい。これまたウェブで簡単にみられるので便利である）、そのなかにずばり「リスク管理等編」があり、そこをみていくと「統合的リスク管理態勢」「信用リスク管理態勢」「市場リスク管理態勢」「流動性リスク管理態勢」「オペレーショナル・リスク管理態勢」という言葉がみられる。まさに、先ほどあげた分類どおりとなっているのである。もちろん、監督する側も銀行の特性を考えたうえで分類を決めているのであるから、一致するのも当然といえば当然なのだが……。

なお、前記のうち「統合的リスク管理態勢」の部分を読んでみると、統合的リスク管理とは、「……リスクを総体的に捉え、金融機関の経営体力（自己資本）と比較・対照することによって、自己管理型のリスク管理を行うこと」とされている。リスク管理の定義がリスク管理を行うこと、という整理にいささか驚く部分もあるのだが、いずれにせよ、自己管理（だから自己管理って何をすること？　という突っ込みもしたいところだが、そこは置いておくとして）として行うことが求められている。さらに読み進めると、「経営陣は……（中略）……態勢の整備・確立を自ら率先して行う役割と責任がある」「統合的リスク管理態勢については、……（中略）……その必要性を自らが認識し、自発的な取組によって整備すべき」とあるので、経営陣が主体的に、自発的に取り組むものであるということが強調されている。各金融機関の体制もそれに応える形で、自らの力で整備や強化が進められている、ということなのだろうと思いたいところだ。

その一方、同じリスク管理の記述でも、変わってきているものもある。それについては、同じ会社のディスクロージャーを時系列的にみてみるとわかることが多いので、これについても試してみることをお勧めする。特にこの数年、保険会社については記述が大きく変わってきている会社がいくつもある。その理由にも、後ほど触れることにしよう。

もっとも、これらを一生懸命読み込んでも、表面的というか、通り一遍のことしか理解できない。ディスクロージャーのなかで、リスク管理に創意工夫を凝らし、こういうリスクをとろうというビジョンがあり、その成果はこうで、改善点はこうです、などと記載されていることはめったにない。もちろん、「リスクをとる」というのは金融機関にとっての本業だから、そんなことを大々的に書くのは作戦を敵にばらすようなもの、ということなのかもしれないが、それにしてもあっさりしているし、一部を除くととても似通った記述が多い。

さて、リスク管理は実際にうまく機能しているのだろうか。

2 リスク管理の実務で気になること

もちろん、リスク管理として機能している部分も多いだろう。経営として、リスクを確認し、リスク管理委員会を開催し、規定や方針を整備し、専門組織を用意し、牽制機能を働かせて云々については、各社とも間違いなく行っている。

しかしながら、これまで多くの金融機関のリスク管理をみてきた経験からすると、いろいろと気になることばかりが目に入ってしまう。

まず、そもそものところから行くと、「リスク管理って何に活用されているのか？」というのが最大に気になる点である。いや、ディスクロージャーにもちゃんと目的が書いてあるではないか、といわれればそのとおり。さまざまなリスクを計測しているのも間違いない。リスク管理に関する委員会が行われているのもそのとおりだし、経営のトップクラスが参加しているところがとても多い。リスク管理部など、専門的な部門も多くの会社が設置している。

その意味では、活用されているだろうと思いたいのだが、一方でこういう声もよく聞かれる。

・リスク管理委員会は単なる報告の場となっている
・リスクをとりすぎていないかを確認していればよいといった雰囲気がある

・リスク管理部だけがリスク管理をしていればよいという感じがある
・リスク管理と収益管理が完全に別の対応となっている

これらの声に加え、これまでみてきたリスク管理の実態として、気になっていることもいくつかある。次のようなものである。

・リスク管理のPDCAサイクルがはっきりしない（特にCやAがよくみえない）
・リスク・オーナーが明確になっていないリスクが多い
・リスク管理のPについても、収支計画といった別の観点から作成されたものを、リスクの観点で許容されるかどうかのチェックに終始している
・他の会社が行っているのと同じリスク管理を行っていることが重要という雰囲気がある（創意工夫などをあまり必要としていない）

なぜ、こうした課題が解決されないのだろうか。金融機関として「リスクをとる」と決める以上、それは自らの「好み」でとっているはずであり、そうである以上、どのようにとるかを真剣に議論し意思決定するためにも、創意工夫したうえでリスクの実態を可能な限り把握しようと努力することは当然であり、リスクをとった以上はその成果をみたいのは、特に意思決定をした経営者としては自然なことではないのだろうか。

3 会計とリスク管理①
——リスク管理と損益が別物に

その謎を解く大きなカギとして、会計・規制というものの存在がある。両者が絡み合いながら関連しているので、どちらの話から始めるかむずかしいところではあるのだが、まずは会計[2]から始めてみよう。

会計の話に進む前に、基本的な事柄を整理しておこう。会計で表現するものはいくつかあるのだが、代表的なものは、第1章で説明した「ある一時点における企業の財政状態を表すもの」である貸借対照表と、「ある一定期間における企業の経営成績を表すもの」である損益計算書である。前者はある瞬間の価値を表しており、後者は一定期間において発生した損益を表している。ある瞬間のストック情報と、ある一定期間のフロー情報などと呼んだりもする。

「リスクをとる」——すなわち、どのようなリスクをとるかというプランを表現するような財務諸表は存在しないのだが、どのようなリスクをもつ資産や負債があるか、という情報が貸借対照表に計上されている、というイメージだろうか。そして、リスクをとった成果は当然ながら経営成績として損益計算

2　以下、一般目的会計をイメージして記述しているが、あまり厳密さを有していない場合があるので、会計ルールは別途きちんと勉強していただきたい。

書に登場する、というイメージになるはずである。

さて、本書のなかで、会計に関する話が第1章で出てきたのを覚えているだろうか。そう、「時価主義」とか「取得原価主義」「実現主義」などを記した部分である。これまで、そして現時点でも、日本の会計は主として「取得原価主義」および「実現主義」が採用されている。いろいろな変遷は経ているのだが、その大原則は変わっていない。この主義が貸借対照表および損益計算書にどう反映されるかをごく簡単にまとめると次のようになる。

① 貸借対照表：資産や負債の価値は原則として取得したときの価格とする

② 損益計算書：途中得られた配当や利息、また売却したときの価格変化を損益として認識する

かなり大雑把な整理なので、現実はそこまで単純ではないのだが、細かく説明しているとそれだけで本が1冊できてしまうので、必要に応じて脚注などで補足するとして、まずはこのくらいの理解で進むことにしよう。

そうなると、この本で考えてきた前提がいろいろと変わることになる。第1章で出した4つの問題を思い出してもらおう。まず、問題1を考えてみる。

問題１ **今日100円で買った株が、もしも明日80円に値下がりしたとする。損失はいくらか？**

価値を中心に考えれば、損失は20円のはずである。実際、ある会社においてそのような事態になれば、その会社の価値が20円毀損していることは間違いない。ところが、会計上はその損失を認識しなくてよいのである[3]。

会計上のルールだから、といってしまえばそれまでであるが、そのような認識をしていると、「リスクをとる」という事前の好みと、その成果に関する認識があわなくなってしまう。

他の事例として、２つの社債AとBを考えてみよう。どちらも期間は５年だが、Aは信用度が高い債券で、クーポンが１％であるとする。債券ＢはＡに比べると信用度が劣るため、クーポンが２％であるとする。どちらも市場では額面100円のものが、そのまま100円で売っているとしよう[4]。このとき、価値ベースで考えれば、どちらも同じ100円である。

将来的にどうなるかはわからないが、もしもどちらもデフォ

3　実際には、株式を保有している場合、その株式は通常「その他有価証券」と保有区分に分類されているので、時価の変動は貸借対照表上には反映される。つまり80円になるのだが、その差額は損益計算書には計上されず、純資産の部のマイナスとして計上されることになる（厳密にいえば、一部は繰延税金資産となり、残りが有価証券評価差額という純資産の部のマイナス項目となる）。

4　債券をまったく知らない方へ。一般に、債券は額面100円当りで考えるのが普通である。この例でいえば、債券Aの場合、満期までの５年間、年当り１％のクーポン、すなわち１年当り１円（100円に対して）の利息が支払われ、満期時点（５年後）にはさらに元本の100円も支払われる、という約束になっている。

ルトする（債務不履行となり、元本の返済ができなくなる）ことがなければ、Bのほうが利益は大きくなるが、その分、リスクは当然ながら大きい、ということになる。しかし、それはあくまでも結果がどうなるかであり、事前にどちらが有利かはわからない。購入直後にBの信用度が下がった（そうなると一般に値段が下がることになる）とすると、当然、価値のうえでは損失が出ることとなる。

さて、これを現状の会計ベースでみるとどうなるか。もちろん、Bが債務不履行となれば話は別なのだが、単に信用度が下がる、もしくはBの債券の価格が多少下がるくらい[5]では損益に影響はない[6]。一般に、そこまで行くことはないだろう、と想定していることが多いので、そうなると、仮にAではなくてBを買った場合には、買った時点で「利益が増える」、すなわち「有利な運用」になった、とみなしてしまうことが多い。

第3章でも述べたが、本来リスクというものは、とった瞬間に「有利」になる、ということはないはずである。社債Aでも社債Bでも買った瞬間の価値は100円であり、そこに有利、不利はない。にもかかわらず、現行会計の場合、Bのほうが有利に思えてしまうのである。

ほかにもいろいろな例が考えられるが、ここではあと1つ。第1章の問題2を思い出そう。

5　後にも登場するが、減損処理の基準（回復可能性がなく、価値が30～50％程度以上下落した場合）にかからない限りは、ということになる。

6　株式の例でも説明した「その他有価証券」に分類されている場合は、価格変動は純資産に影響を与えることになる。

問題2　100円で買った株が、今日までに200円に値上がりしていたとする。この状態で、もしも明日150円に下がったら損失はいくらか？

この問題を少し読み替えて、昨年度初にこの株を100円で買い、昨年度末に200円に値上がり、現在は（今年度の終わり頃だとして）150円に下がっている、と考えよう。今年度の成績を考えるとすると、本書の流儀では50円の損失となる（昨年度はよかったが、今年度は損失となった、ということ）。ところが、現行会計ベースでは、損益計算書上は、昨年度も今年度も何も起きない。それどころか仮にいまこの株を売却したとすると、今年度に50円の利益が出ることになる。俗に、益出し[7]と呼ばれたりもするものである。

昨年度と今年度、トータルでは50円儲かっているのだからよいのでは、と思われるかもしれないが、あらためて損益計算書の意味を考えてみると「ある**一定期間**の経営成績」と記されている。今期の経営成績に昨年度の成果を使うということはどうなのだろうか。もちろん、これは見かけ上であって、内部では「こんなのはただの捻出にすぎず、今期の成果としては当然ながらマイナスである」と思っていてくれればよいのだが、実際には、後に述べるような理由が重なって、そうはならないようである。というより、結局は「損益といえば会計上の損益」と

7　ネットなどで調べると「益出し」の意味が書いてあるページをよくみかけるのだが、その多くが「利益を捻出」「利益をかさ上げ」するものだ、というあまりポジティブでない表現になっている。

いう発想がかなり染みついているように感じられる。

そうなると、「リスクをとる」ということと、その結果である損益が結びつかない。最後には益出しなどで調整も可能であるため、リスク管理と損益とは別物になってしまっているケースがよくみられるのである。

これに関連する余談として、友人に聞いた話なのだが、日本の金融機関ではよく「収益を管理する」という名称の部門がある。端的には収益管理部といった名称なのだが、この名称の英語版としてProfit Management Departmentなどと称していることが多い。ところが英語圏の人からとても「奇異」に聞こえる、という指摘を受けたとのこと。Profit、つまり損益というのは結果であり、それをマネージすることはできないということらしい。日本でそういう用語を使うのは、やはり「損益は調整可能」という文化が会計上根付いてしまっているからかもしれない（もっとも、こうした会計を使っているのは日本だけではないのだが）。

また、先ほど紹介した「益出し」について、特に決算期末間近にみられるこうした動きを「決算対策の売り」などと呼ぶことがあるのだが、この「決算対策」も英語にしにくい。あえてするならばManipulation（マニピュレーション）となる、といわれたこともあるが、こうなると「操作[8]」となってしまう。

余談ついでにもう1つ。よく、野球の試合をみていて、ある

8　ある辞書には「帳簿などのごまかし、改ざん」という訳も書かれていた……。

チームが前日10対０などで大勝し、翌日、８回までで１対２とかで負けているときに「昨日の10点のうち、２点ほどもってこられれば今日も勝てるのになあ」なんて話をすることがよくある。もちろんそんなことができるわけはないので、単なる願望というか夢物語でしかないのだが、それが願望で終わっているのはスポーツの話で、どうもいまの会計ではそれができてしまう、ということなのである[9]。

もちろん、こうした安定的な結果を導く会計が悪い、というわけではない。さまざまなメリットも存在するし、必要性があっていまの会計[10]を用いているのだろう。ここでいいたいのは、単に、「リスク管理において活用すべき損益」としては適していないのではないか、ということだ。一方、経営陣をはじめとする多くの人[11]の意識が会計の損益にあるために、自分たちのリスクの「好み」とは別に売却したり、「好み」ではないような資産・負債を会計の損益のために買ったり[12]というのは、なんとなく本末転倒なのでは、と思ってしまう。

9　スポーツの世界であるとすれば、「次の対戦相手を考えるとこの試合は負けたほうがよい」と考えてわざと負ける、といったことかもしれない。どこかで聞いたような話だが、こうした「操作」に関して、スポーツの世界では通常かなり厳しい「ペナルティ」（出場停止など）が科せられることになっているようだ。

10　なお、国際財務報告基準（IFRS）の原則は「時価主義」となっている。こちらに切り替わるといろいろと変わるのかもしれないが、長い議論が（少なくとも本書執筆時点では）続いている。

11　そのなかには株主やアナリスト、メディアといった主要な外部関係者も含まれる。

12　詳しくは説明しないが、世の中に多く出回っている「仕組み債」などと呼ばれるものの多くは、こうした要素が含まれていると考えている。

4 会計とリスク管理②
——価値評価（貸借対照表）の問題

もう１つ、現行会計とリスク管理で悩む部分がある。それは価値評価、つまり貸借対照表についてである。先ほど、株の事例において、本章の脚注３で書いたとおり、「取得原価主義」といいながら、株などについては、貸借対照表上では時価を計上するという方法が用いられている。ところが、そうした対応をするのは一部の資産に限られている。債券に関していうと、「保有目的」によって取扱いが違ったりもして、「満期保有目的」といって、最後まで持ち切る（途中で売買しない）という場合には、取得原価（厳密には償却原価[13]）で計上されている。

これについては、肯定する声もよく聞かれる。最後まで持ち切る債券、特にデフォルトが（ほぼ）ないと思われる債券（国債など、と本当にいえるのかどうかは最近微妙な感もあるが、とりあえずここではOKとしておこう）であれば、最後には元本が返ってくるのだからリスクはない。だから時価を貸借対照表上に反映しなくてよい、という意見だ。たしかにそれはもっともなのかもしれないが、第１章で説明したとおり、「将来の固定されているキャッシュフロー」であっても、その現在の価値については市場の見方が変わるので、そこにリスクはないとはい

13　債券を額面よりも高く、もしくは低く買った場合、帳簿価格を徐々に額面に近づけるように調整していく方法。

えない。以下、ここは丁寧に解きほぐしたいのだが、数値例なども用いておかないと混乱しそうなので、コラム５－１「満期保有とリスク」をご覧いただきたい。

それ以外の資産や負債、たとえば貸出金や預金、保険契約などについては、取得価格もしくはある特定の方法[14]で計算された価格というものが計上されているが、これらもコラム１－２で述べた「金融・保険商品の価値の基本的な考え方」とは整合的といえないものである。貸出金については原則として、貸した金額を帳簿価格とする一方、ある一定の貸倒引当金というものを差し引く（資産のマイナス項目とする、もしくは帳簿価格から直接差し引く）こととなっているが、市場の金利状況や、債務者の状況に応じた貸倒引当金の微調整などは行っていない（ある一定のルールに従って計算されている）ので、そこは合致しない。定期預金についてもコラム１－２のようなややこしい（？）考え方はされていない。

貸出金や預金、保険契約などの場合、最大の問題はその「価値」をどう評価するかという点にある。株や債券など、市場性の商品であれば、（一応は）市場取引価格が存在しているが、そういったものは存在しない[15]。したがって、評価するとすれば、コラム１－２のような考え方を用いて、なんらかのツールを使って計測する必要があるのだが、その場合、方法や前提

14　保険の場合、将来の想定キャッシュフローをある一定の金利（予定利率）で割り引いた値を「責任準備金」などの名称で計上している。
15　海外であれば、貸出金の市場価格が公表されている事例もあるが、国内では存在しない。

によって結果は変わりうる。これを会計として用いることは可能なのか、と問われると、たしかにこれはむずかしいといわざるをえない[16]。

しかし、その結果として「価値がまったく動かない」となると、リスク管理のうえではリスクがない、という判断になってしまう。もしくは、リスク管理上はリスクを計測しているのに、実際は価値が変動しないので、リスク計測そのものが「バーチャル」なものになってしまう。

当然ながら、金融機関は会計とは長い付合いがある。一方、リスク管理というのは、ここ20年くらいで導入されてきた概念である。そのため、どうしても従来から用いている会計のほうが、経営の興味や意識も高くなってしまう。しかし、「ゼロ」からリスク管理を考えるのであれば、そのメリット／デメリットについて考えてみたほうがよいだろう。

16　現在、金融商品については時価開示を行うことが求められているが、その計算方法には必ずしもコラム１－２のように考えられているとは言いがたいものも含まれている。

5 規制とリスク管理

さて、もう１つの監督規制であるが、監督規制としては、主に健全性という観点において金融機関のリスク管理にも強い関心がある。監督規制におけるリスク管理への関与がどんな経緯で発展してきたのかについては、藤井健司著『金融リスク管理を変えた10大事件』（金融財政事情研究会、2013年）という、とてもうまくまとまった本が発刊されたので、そちらを、特に第２章をご覧いただきたい（「目撃者のコラム」はとても興味深い）。市場の国際化・巨大化、さらには金融技術の発展に伴う複雑化などから、金融機関の、特に市場リスク管理の必要性が高まり、そのなかで市場と規制当局との対話から生まれた原則や考え方が広く浸透していったようすがとてもわかりやすく描かれている。

その後、監督規制においてもリスク管理態勢を確認するためのさまざまな取組みがなされていった。本章１でも触れたが、金融検査マニュアルや保険検査マニュアルといったもの（これらの詳細は金融庁のウェブページでご覧いただきたい）のなかにも、リスクに関する管理態勢を検証するためのチェックリストが用意されている。

このマニュアル自体は（細かくみればいろいろと気になる点もあるのだが）、あくまでも検査官が検査に入った際にもつべき視点のようなものを示しており、大きな方向性としておかしいということもない。また、金融機関としてはこうしたマニュアルを参考にはしつつも、あくまでも自らが必要と考えるリスク管理を実践し、当局の見方と食い違う部分があれば、前述した藤井さんの著書の第２章に出てくるように、当局と実務家とが対話を行うことでよりよい姿を目指せばよいはずだ。

しかし、実際には、どうもそうはいかないようである。本書の第１章や第２章で述べたように、金融機関の価値やリスクを考えるのはとても複雑である。その一方、規制としてなんらかのモニタリングなどを行いたい場合には、どうしても比較可能性のある指標などを作成することが求められる。銀行における自己資本比率規制（バーゼル規制などとも呼ばれる）や、保険におけるソルベンシー・マージン比率規制といったものである。その際に、客観的な数値という意味で、会計をベースにした数値を作成することも多い。そうなると、会計がリスク管理と整合的でないために、規制上の数値も、なかなかリスク管理とは整合的になりにくい面がある。

では、「本来のリスク管理とは整合的でないこともあるのだから、そのあたりは割り引いて考えてもらえばよいし、自らの考えを堂々と述べていこう」といった考え方で金融機関が動けるかというと、残念ながらそうしたことは起きていない。これらの数値については公表されてしまうし（公表そのものの是非はあると思うのだが）、決して監督サイドの人々もすべてがそうした自助努力に好意的なわけではない。なかには「いい加減なことをいって言い逃れようとしているのでは？」と疑う人もいるだろう。実際、仮に、なんらかの形で数値が悪くなり、その原因が本当に見せかけ上の問題ではなく、本質的なものだとしても、なんとか言い逃れようと考える人もいるかもしれない。リスクや価値の計測や管理はむずかしいだけに、そこを合意するのも決して容易ではない。

しかも、金融機関にとって監督官庁といえば、事業認可をはじめとして、さまざまなことについて「いうことを聞かなければ」と思ってしまわざるをえない相手である、という印象が強い。これにしても、実態として個別にみれば、議論を建設的に戦わせたりすることを好む人もいるし（両方のサイドにおいて）、そう単純な図式ではないのだが、組織というのは不思議なもので、そうした空気感がなんとなく流れているので、とにかく「監督官庁の意向（これも微妙だが）に従おう」ということになる。そうなると、リスク管理についても、マニュアルにあることをひたすら守り、何かで「こういうふうにしたら」とアドバイスを受けたらひたすら（疑いもなく）それを使い続ける、といったことが起きてしまうのである。

ちなみに、そうした動きは、「リスク管理のコンプライアンス化」ととらえることもできる。ここでいうコンプライアンスは、いわゆる「法令遵守」というやや狭い意味で用いているイメージであり、第４章で述べたガバナンスとは異なる。何かルールがあってそれに従うことを意味しており、要はリスク管理にルールがあって、それをクリアしていればOKというようなことを指している。第３章で述べた、いわゆる「管理」のうち、マニュアルがあって、これとこれを実行すれば大丈夫、というものである。ここでいうマニュアルが、まさに監督官庁にいわれているもの、というのが「リスク管理のコンプライアンス化」のイメージである。

なお、この言葉は筆者がつくり出したものではない。出典は天谷知子著『金融機関のガバナンス』（金融財政事情研究会、2013年）である。天谷さんの視点によって、金融機関のリスク管理を含むガバナンスに関する、さまざまな問題点を鋭くえぐっている。なので、その先の話は同書を読んでいただきたい（なんだか他人の著作を紹介してばかりの節になってしまったが、ご容赦いただきたい）。

6 面白い事例：ソルベンシー・マージン比率について

さて、ここで１つ面白い事例を紹介しよう。保険会社の健全性を評価するための指標として、ソルベンシー・マージン比率というものがある。日本では1996年に導入され、それ以降、保険会社の早期是正措置のトリガーとしての役割など、代表的な指標として注目を集めてきた。単純にいえば、「通常の予測を超えて発生するリスクに対する支払余力（マージン）の比率」のことであり、分母であるリスクは市場リスクや信用リスク、保険リスクなどの合計値で、分子の支払余力は広い意味での純資産を表している[17]。

しかしながら実態はというと、資産・負債の評価については会計ベースを活用したものであり、保険会社の本来的な実態を表したものではなかった。そのため、いくつか困った問題が生じていた。代表的なものは、生命保険会社における「望ましい管理との乖離」である。詳しくはコラム５－２「生命保険負債の評価と逆ザヤ問題」を読んでいただきたいのだが、そこにあるとおり、本来、期間の長い生命保険商品の原材料としては長期の債券などが望ましい。金利が上昇すると債券価格は下落す

17 ここでいう「広い意味」とは、保険会社の会計上、負債に分類されているものの、実際には資本として機能しているものを含める、という意味である。

るのだが、その際には（コラム１－２の考え方のもとでの）保険負債価値も下落するので、ある意味で「コントロールができている」状態になるのである。しかし、ソルベンシー・マージン比率計算上は、金利が上昇すると、債券価格の下落だけが分子である支払余力に影響してしまうということで、「コントロールができていない」状態にみえてしまう。その他、いくつか気になる問題があった。

かくいう筆者も、保険会社の外部にいて、そのギャップに悩まされている１人であった。当時は証券会社にいて、保険会社の上記のようなコントロール（資産と負債の両方をコントロールするので、資産・負債管理、ALMと呼ばれている）を勧めている立場だったのだが、多くの人から「コントロールするとソルベンシー上（もしくは他のことでも）困ってしまう」との話を聞いていた。当時作成した資料のなかには、「ALMが実現しない障壁」というタイトルで、いくつか壁がそびえているのだが、そのうちの１枚に「ソルベンシー・マージン比率」が書かれていたほどである。

ところが、2006年に入り、金融庁から「ソルベンシー・マージン比率の見直しを行いたいと考えていて、その検討チームに入ってもらえないか」との打診があった。それはぜひとも、ということで、メンバーになったのだが、最初は正直なところ、「きっとそうはいっても、根本的な見直しといった議論にならないのでは？」と思っていた。1996年に導入されて10年、何度か見直しは行われてきたものの、どれも上記のような問題とは関係のない、あえて厳しい言い方をすれば「小手先の補正」であった。そういうものをみせられていただけに、きっと議論のどこかで根本的な話は、「まあそうはいっても」的にもみ消されてしまうのでは、と思って（疑って？）いたのである。

だが、実際は逆の形で裏切られた。まず、第１回の会合で金融庁から示された資料[18]には「短期的な課題」と「中期的な課題」という整理があり、中期的な課題のなかにはっきりと、「保険負債の時価評価を前提」と書かれていたのである。ここでいう時価評価は具体的には書かれていないものの、コラム１－２で書いたような方向性を感じさせた。まあ、そうはいっても議論は短期的課題が中心か、と思っていたのだが、議論を進めていくと、驚くほど中期的な課題に関する話題が増えてきた[19]。

そして、最終的に完成したのが、「ソルベンシー・マージン比率の算出基準等について」[20]である。このなかで、資産・負債を経済価値（本書コラム１－２的な考え方の評価をこの資料ではそのように呼んでおり、以下、この言葉を時々借りることとす

---

18 http://www.fsa.go.jp/singi/solvency/siryou/20061120/01-03.pdfから入手可能である。

19 筆者が第５回で発表した資料（http://www.fsa.go.jp/singi/solvency/siryou/20070129/05-03.pdf）などは、議論のなかでこうした整理をしてほしい、ということで作成・発表したものである。この資料の補足部分はまさに本書のコラム１－２と整合的な記述となっている（同じ著者だから当たり前といわれるかもしれないが……）。

20 http://www.fsa.go.jp/singi/solvency/20070403.htmlから入手可能である。

る）で評価すること、そしてそれが「リスク管理の高度化を促す」ということが、再三にわたって強調されている。

いちばん興味深いのは、「ソルベンシーの充実は本来、リスク管理の高度化、財務体質の強化等を通じて、保険会社自らの取組みにより達成されるべきものである。したがって保険会社は、リスク計測手法やリスク管理の方法を自らが創意工夫し、リスク管理の高度化を自らの責任で図ることが重要である。」という一節である。これはまさにそのとおりであるが、正直にいうと、金融庁発（もちろん検討チームが作成した文章ではあるのだが、金融庁が組成したチームであり、事務局も金融庁である）の文章に、ここまでのことが記されているのは（記憶にある限り）みたことがなかったので、大げさにいえば興奮を抑えられない、といった感じであった。

それ以降、保険業界では、この方向での議論が進んでいる。ただし、同報告書には、「平成22年（2010年）を見据えて不断の作業を進めるため、監督当局及び保険会社は最初の一歩として以下の作業に早急に着手し、一里塚としての目標を速やかに達成することが適当」と記されているが、現時点（2013年12月）では、導入には至っていない。その背景はいろいろとあるようだ（リーマンショックやその後の欧州危機なども、その要因となっているのではと推察される）が、検討は進んでいて止まってはいない、という認識である。

その一方、保険会社でも、経済価値によるリスク管理の重要性に関する認識は高まっているようである。2011年以降、主要保険会社に対して行われている「ERMヒアリング」の結果公表資料のなかでも、「生損保とも経済価値ベースの評価（あるいは損保積立保険の含み損益と金利リスクを反映）に基づいた管理が主流」と記している。実際、多くの会社のディスクロージャーなどをみても、そうした取組みについて記載した事例が増えてきている（本章の冒頭で、時系列的にみると保険会社で大きく変わっている、と記したのはこの部分である）。

一方、同じERMヒアリング結果の公表資料では、「いずれの社も、内部モデルによる経済価値ベースの管理のほか、並行して現行会計に基づいた健全性規制等のモニタリングも行っていた」と記されており、ソルベンシー・マージン比率が経済価値に移行していないために、2つのモニタリングが行われている点が指摘されていた。

たしかに導入に向けて、いろいろと詰めなければいけない点はあると思うのだが、経済価値ベースのソルベンシー・マージン比率規制は、考え方としてはリスク管理にとってきわめて整合的な話であるだけに、速やかに進んでもらえれば、と願うばかりである。

7 かたや銀行サイドはどうか？

では、銀行サイドで似たような動きはないのか。残念ながら、資産・負債をすべて経済価値で考えて評価するという動きには至っていない。ただし、そうした考え方がまったくないわけではない。それについて紹介しておこう。

銀行の場合、どのような商品の評価が困難かというと、実は預金である（と筆者は考える）。それも、コラム１－２で説明した定期預金ではなく、いわゆる「普通預金」と呼ばれているものである。何がむずかしいのだろうか。それは、まさに「キャッシュフローの推定がとてもむずかしい」商品だからである。価値を評価するためにはキャッシュフローを考えたいのだが、それができない。いつ引き出してもよいし、いつまで置いておいてもよいのが普通預金だからである。

そういうキャッシュフローを評価することは不可能なのかというと、そうではない。仮に、そうしたキャッシュフローについて、利息が毎日、その日の短期金利（オーバーナイトの金利）に100%連動して付けられるとすれば、（細かい説明は省略するが）その価値は常に市場整合的となり、預けている金額そのものが価値となるのである。引き出されても、追加で入金されても、そのつど、市場の短期運用商品に預けることで価値は確保される、というイメージはわかるだろう。

ところが、実際の利息は短期金利とは100%は連動していない（といっても、その利息は銀行サイドが、つまり自身が決めるものであるはずなのだが）。金利が上がっても、少なくともこれまではせいぜい40%程度しか追随していなかった。その場合、単純に考えれば、金利が上がると利ザヤが増える、つまり、企業価値に貢献することになる。これを預金の、すなわち負債の価値として表現するにはどうすればよいか（つまり、金利が上がると負債の価値が下がるようにするにはどうすればよいか）というと、これが容易ではない。

では、容易ではない、ということで諦めたのかというと、そうではない。以下、詳しい説明は省略するが、バーゼル銀行監督委員会が2004年７月に公表した「金利リスクの管理と監督のための諸原則」のなかでも、「銀行の金利リスク・エクスポージャーを評価するための最も一般的な２つの視点、すなわち損益の視点と経済価値の視点」として、いわゆる損益（会計上の考え方に近い）と経済価値（先ほどの保険同様、本書の考え方に近い）を両方紹介している。

そして、「経済価値の視点は、将来の全てのキャッシュフローの現在価値に与える金利変化の潜在的な影響を考慮に入れているため、損益の視点よりも、金利変化の潜在的な長期的効果について、より包括的な視野を提供する。短期的な損益の変化——損益の視点の典型的な焦点——は、銀行の全体的なポジションに対する金利変動の効果の正確な表示を提供しない可能性があることから、こうした包括的な視野は重要である。」と記している。

ここでいう「潜在的な長期的効果」というのが何を指しているのかは少々わかりにくいが、「いつかは会計上の損益に反映される、という意味での長期的効果」ととらえればよいだろう。前述した株式の事例（売却したときに損益を認識）や、コラム５－２における逆ザヤ問題ではないが、その原因が発生するタイミング（リスクをとった状況で、そのリスクファクターが変動した時点）と、損益を認識する時点のズレを補正してくれる、ということである。リスク管理のPDCAサイクルにおいては、重要な視点であろう。

その後、いくつかの手法は導入されたのだが（コア預金モデル）、なかなかこれはというものが出てきていない。個人的な印象だが、価値をどう考えるか、リスク管理上有用な指標とするにはどうすればよいかということよりも、このバーゼルの諸原則に関するペーパー公表後に導入された通称「アウトライヤー規制」と呼ばれるものをクリアすることが、モデルの動機となっているようなケースが多いように見受けられる。

それでも、銀行業界でもいろいろと創意工夫は行われようとしていた。そこへ、いわゆるサブプライム危機などが襲いかかってきたのである。

8 金融危機とリスク管理

先ほど紹介した藤井さんの著書にも書かれているとおり、1990年代に入り、リスク管理は監督者と実務家で知恵を絞りながら高度化が進められてきた。銀行規制という意味では、自己資本比率規制などが導入された。もちろん、ルールという意味では会計ベースのところもあり、不完全なものではあったが、リスクと自己資本を比較するという考え方は大きく広まった。預金の金利リスクなどのようなテーマにも積極的にチャレンジしていたのは前述のとおりである。さらに、バーゼルⅡと呼ばれた規制のなかでは、第二の柱として金融機関の自己管理と監督上の検証を掲げ、そこでは、金融機関自らがリスクを適切に管理し、リスクに見合う適正な自己資本を維持するという「自己管理型」のリスク管理と自己資本の充実の取組みを期待すること、当局は、各金融機関が自発的に創意工夫をしたリスク管理の方法について検証・評価を行い、必要に応じて適切な監督上の措置をとることなどが求められるようになった。先ほどの、保険におけるソルベンシー・マージン比率と同様の流れだったともいえる。

これによりリスク管理の高度化、創意工夫といったことが大きく期待されていたのだが、その流れに大きくブレーキをかけたのが、サブプライム危機、そしてリーマンショックである。

特に、2008年のリーマンショックは、世界経済に大きな影響を与えたこと、多額の公的資金（要は税金）が使われたことから、金融機関の経営管理態勢、特にリスク管理態勢が厳しい批判を受け、こうした問題を起こさないためのさまざまな提言がなされた。その内容については藤井さんの著書（特に第９章）をはじめ、多くの本で紹介されているので、そちらをお読みいただきたい。

それをふまえ、監督当局も大きく動きだし、バーゼルⅡは2.5を経てバーゼルⅢへ変貌を遂げた（そして、俗にいう「3.5」も議論されている）。その中身は、あまり単純化して解釈するのもよくないとは思う（ので詳細はきちんと勉強していただきたい）が、あえて単純化していってしまえば、「とにかく厳しめに自己資本比率をみよう。そのためになるべく資本は厳格に、リスクは保守的に」というイメージである。極端な話、場合によっては、理論上必要な資本以上の資本を置かなくてはならない、といったレベルにまで達してしまっているようである。

そのほかにも、流動性に関する規制や、レバレッジに関する規制などが導入され、それに加えて各国も対策を独自に打ち出したことから、とにかく金融機関はそれらの対応でてんてこ舞いとなっていた（というより、本書執筆時点では、まだ現在進行形である）。

こうした流れが、特に銀行に対して、創意工夫ある自己管理型のリスク管理を停滞させる原因となった。いや、これも現在進行形かもしれない。

この流れに対してリスク管理はどう対処していくのか。その先はわからないが、藤井さんの著書の第９章にある「目撃者のコラム」に重要なキーワードが並べられている。ぜひともお読みいただきたい。

9 リスク管理高度化不要論？

ところで、サブプライム危機やリーマンショックは、国内の金融機関にどのような影響を与えたのだろうか。もちろん、バーゼルⅢなどをはじめとする規制強化の流れは国際的なものであり、日本の銀行も例外ではない。しかし、そもそも危機時に大きな損失を被ったかというと、案外そうでもなかった。損失の引き金となった信用リスクのデリバティブのような商品を、あまり多く保有していなかったことなどが幸いしたといえよう。

しかしながら、その頃、不思議なことが起こった。国内の金融機関、特に銀行から「リスク管理の高度化は不要では？」という意見が聞かれるようになったのである。失敗をしたわけでもないのに、と思うのだが、それらの発言は次のような共通する文脈のもとで話されていたように思われる。

・海外におけるリスク管理先進企業が多く損を被った
・リスク管理を進めすぎるとかえって問題が多いのでは？　特に高度な（定量的）手法を使いこなせていなかったのでは？
・言い換えれば、これまでのリスク管理は失敗だったのでは？
・一方、うちの会社は程々のリスク管理をしてきたので損失は軽微ですんだ
・こうした方法のほうが正しかったのでは？　いや、むしろ

もっと簡素化してもよいのでは？
・となると、コストをかけてまでリスク管理を高度化するのは意味がない。高度化は不要

この話、あながち無視もできないし核心を突いている部分もある。高度な手法を使っていたものの、その中身の限界や特性については認識せず（できず）、結果として出てきた数字だけで表面的に理解し、判断をしていた部分もあるだろう。そんなブラックボックスならば使わないほうがよい、という意見にうなずけないわけでもない。さて、だからといって高度化しなくてもよいのだろうか。

気になるのが、こうした声が聞かれるときの「程々のリスク管理」というのは、えてして「コンプライアンス的」なリスク管理だ、ということだ。程々のリスク管理では、リスクを見極めることはできないだろう（もちろん高度にしても完全にはみえないのだが）。経営として、どのようなリスクをとるべきかという「好み」を明確にする、という目的のためには、創意工夫も必要であるし、リスクという難解な相手に必死に食らいつく必要がある。そうしたことを否定しているような感じが、前記の「リスク管理高度化不要論」には感じられてしまう。

それは、「リスクをとる」ということを生業にしている組織にとって、正しいことなのだろうか。

10 その他の気になる課題

これまで述べてきたように、リスク管理の現状は決して順風満帆というわけではない。会計や規制と、リスク管理でみたい方向性とのズレは相変わらずであるし、保険業界に面白そうな流れはみえているものの、銀行の流れをみるとそう楽観視できるのかも不安になってくる。その他、まだまだ気になることは多い。細かく説明しているとキリがないが、以下、簡単に筆者が日頃気になっている「課題」について紹介しよう。

① コントロール可能なパフォーマンスの達成への慣れ

前記３および４の会計の項でも述べたが、現在の損益はさまざまな「安定化装置」をつけることが可能である。そのため、損益はコントロール可能という意識が強い。このことから、リスク管理で本来求められるべきリスクテイクに対する「パフォーマンス評価」が好まれず、予定調和的なパフォーマンスを達成することに慣れてしまっているように思われる。

そうすると、リスクと損益にそもそも整合性が生まれない。ではどちらにあわせるか。慣れている損益、となると、リスク管理は形骸化してしまう。

② 「実質」よりも「形式」を重視する文化

リスク管理、特に価値やリスクの計測において重要なのは、「形式」ではなく「実質」である。第2章などでも述べたが、過去のデータから将来を推測するというチャレンジングなことを行っているので、常に何をみたいかというところに意識を置く必要がある。どのような体制を構築すべきかといったことについても、自らのリスク管理の目指すべき姿から、自らの創意工夫で構築すべきであり、形だけを整えても意味はない。

ところが、組織になってしまうとこれが容易ではない。また、特に「リスク管理」の「管理」をコンプライアンス的に考えていると、「形式を整えればOKでは」という意識が生まれてしまう。

また、特にリスク管理とパフォーマンスが切り離されていると、計測されている意味を深く考えなくなるせいか、「誰がやっても同じような結果になるリスク計測」を追い求める傾向が出てきてしまう。リスクの実像はそれほど単純なものではないのだが、「客観的な手法（ルール化された手法）」を継続的に活用したい、といった気持ちも生まれるようだ。

結果として、リスク管理に「魂」が込められないこととなってしまう。

③ リスク・オーナーを明確にしない風潮

「コントロール可能なパフォーマンス」と関連するのかもし

れないが、国内金融機関のリスク管理をみていると、誰がそのリスク・オーナーとなっているのか、明確になっていないリスクを見かけることが多い。そのポジションは意外に大きかったりもするのだが、なぜか「誰の責任のもとで何をするのか？」を明確にしていない。結果として、そこからどのような成果があがっても（それがマイナスでもプラスでも）よほどの影響を与えない限りは（しかも、会計上影響が出ないケースも多いので）放置してしまっても問題にならない。

これらの課題は、どれも前述した問題などが原因となっているケースもあるが、そもそも、（本書でいう意味の）リスク管理を行うという心構えが備わっていないことも原因であるように思われる。そこで、筆者なりに考えるリスク管理の心構えについて、次章で説明することとしよう。

コラム5-1

満期保有とリスク

本文中でも述べたが、現在の会計では、債券を保有している場合、その保有目的によって会計上の処理が異なる。典型的なものが、満期保有目的に区分されている債券である。この区分に入っている債券は、基本的には取得原価（厳密には償却原価）で評価されることになる。簡単にいえば、100円で買った債券は、その後、市場がどのようになろうとも貸借対照表上は100円で評価しておけばよい、ということになる。価値が変動しないということは、リスクがないということになる。

もちろん、金利が変動すれば債券価格は変動するので、「リスク＝将来時点で価値が（どうなるかわからないが）変動する」というふうにとらえれば、リスクがないということはない。ただし、なかには「わざわざそういうふうにとらえなくても、満期まで来れば（ほぼ）必ず額面である100円が戻ってくる、つまり損はしないのだから、リスクはないと考えてよいのでは？」と思われる方も多いのではないだろうか。

それについて、数値例も使って確認してみよう。単純に次のような例を考えることにする。

・市場環境：無リスクの１年割引金利も２年割引金利も５％とする。計算を簡便にするため、年複利ベースとする（年複利ベースについてはコラム１－１参照）。
・債券Ａ：額面100円、期間２年、クーポン５％とする。単純化のため、クーポンは年１度、最後に支払われるとする。キャッシュフローは１年後に５円、２年後に105円となる。

まず、現時点での債券Aの価値はいくらになるかというと、次のような計算から、100円であることがわかる。

$$\frac{5}{(1+5\%)}+\frac{105}{(1+5\%)^2}=100$$

したがって、この時点で債券Aを買った場合、価格の100円が貸借対照表上の価値となる。ここまではよい。債券Aを満期保有目的に区分したとすると、後の2年間については、1年目5円の収入（クーポン収入）、2年目も同様に5円の収入となる。世の中がどう変わろうと、そこはまったく変わらない、ということになる。

さて、価値ベースで考えてみるために、1年経ったとしよう。そのとき、1年金利が8％になっていたとする。その時点では、5円のクーポンが得られ、後は1年後の105円が残っている。その価値を計算すると、

$$\frac{105}{(1+8\%)}=97.22$$

となるので、価値としては2.78円損している。合わせて2.22円が企業価値向上に貢献していることになる。満期保有と比べて、何か悪いことをしたわけでもないのに、なぜ損してしまったことになるのだろうか。それは金利が動いたから、といってしまえばそうなのだが、固定されているキャッシュフローなのに、なぜ損を認める必要があるのだろうか。

それを解くカギは翌年にある。1年金利が8％になっている、とはどういうことか。無リスクで運用していたら8％で回る、ということだ。価値で考えた場合、97.22円でスタートして満期時に105円もらえるので、そのリターンは、

$$\frac{105}{97.22}-1=8\%$$

となり、2年目は損していないことになる。1年目は金利が上昇したことで損をしたが、2年目は、仮に金利が動こうが動くまいが関係なく無リスク金利並みの利益が得られることにな

る。価格が変動してしまうことはおかしいことのように思われるが、このように価格を変動させることによって、「今年発生した問題を今年のうちに解決」することができるのである。

一方、満期保有で考えた場合、2年目の収入は5％の収入しかない。つまり、市場において「無リスク」よりも稼げていないということになる。なぜ、そのようなことが起こっているのか。それは簡単で、2年分の収入を固めてしまったからではなく、固めたが、実際には単年度ごとに運用をしているほうがよかったからである。その**機会損失**が2年目の収益の減少となっているのである。その原因は1年目の金利上昇なのだが……。

一方、次のように考える方もいるかもしれない。「損をしているようにみえるのは、1年ごとに区切って考えようとして、各年度の1年金利と比較しているからだ。購入時点で2年分の収入を固めた、と考えるべきではないか」と。もっと極端にいえば、1年ごとにキャッシュフローがあるからややこしいのであって、2年単位でみてしまえばよいとも考えられる。そこで、例示した債券を少し変えて、次のような債券を考えてみる。

・債券B：期間2年で、キャッシュフローは2年目のときのみ。その際に、元本100円とクーポン10.25円が得られる。

この場合、この債券の現時点での価値は100円となる（確認してみてほしい）。1年後に金利がどうなろうがそんなことはどうでもよく、2年間で100円が10.25円を生み出すことに変わりはない。こう考えれば満期保有でもよいではないか、という論法だ。

この考えも、決して悪くはない。悪くはないのだが、ここまで進むと、もう1つ考える必要が出てくる。それは、「どのような資金をこの運用に充てているのか？」ということだ。個人の余剰資金ならば、それはどうぞお好きに、としかいいようがない。そもそも、債券Aでも債券Bでも、結果はほぼ似たようなものだし、1年後に金利が動いても、知らん振りをしていればよい。

ただし、人から借りていたお金であったり、人が託してくれた資本金であったりすると話は異なってくる。ここでは単純に、人から借りているお金である場合を考えよう（資本の場合は後で簡単に触れる)。その場合、何年で借りているのか、どのような特徴をもった借金なのか、ということがポイントとなる。次の3つのケースを考えてみよう。

【ケース1】 2年間借金をしている場合

たとえば、いま100円借りていて、そのお金を2年後に返す必要があるとしよう。そのときの利息が10円だとすると、いま、債券Bを買っておけば必ず2年後には0.25円が手元に残ることになる。こんなおいしい話は世の中にはあまりないのだが、ここでいう借金が預金や保険商品といった金融機関が販売している商品であれば時として発生しうる。債券Aの場合、1年後にもらったクーポンで損をしなければ、極端な話、タンス預金しておけば損することはないし、そのときの1年無リスク運用で預ければ多少はプラスになって返ってくる。その間、金利がどう変動しようと、最終的な結果に大きな違いはない。

ちなみに、この場合に、債券・借金を両方とも「価値」で評価していても問題は生じない。金利が上昇すると債券価値が下落し、その結果、その年度は「損」が生じることになるが、その分、借金の価値も下落するので、ちょうど釣り合うというわけだ（図表1－3に示したバランスシートの図を思い出していただきたい)。

【ケース2】 1年間借金をしている場合

さて、いま100円借りていて、それを1年後に返済しなければならないとすると、返済がちゃんとできるかは（債券Aだろうが債券Bだろうが）、1年後にいくらで売却できるか、ということになってしまう。1年後の価値が借金の返済額に届かなければ大変なことになってしまうが、それは1年後の金利水準いかんである。満期保有に区分したから価値は変動しない、といってもそれは通じない。もっとも、どうせ1年後に売却しなければならないので、そんな債券は満期保有区分には入れられないだろうが。

逆に、売却を考えず、1年後に再度借金をすると考えた場合でも、そのときにいくらで借りられるかによって2年目のトータルの損益は変わってくる。満期保有にしていても、金利が上昇していれば、当然ながら借金の金利が上昇するので、2年目は間違いなく「赤字」になってしまうだろう。先ほど「機会損失」という言葉を使ったが、この場合はリアルに損失が発生するのである（しかも金利が上昇した1年目ではなく、2年目に）。

【ケース3】 3年間借金をしている場合

一方、いま100円借りていて、それを3年後に返済しなければならないとすると、今度は債券Aだろうが債券Bだろうが、あわてて売却する必要はないので、満期保有にしておいてもよい。よいのだが、2年後に返ってきた元本（およびクーポン）をどう運用できるかによって、3年後の返済が可能かどうかが変わってくるので、これはこれで「困ったこと」になりうる。この場合、金利が下がっていると収入が下がるので困る、ということになる。

この3つのケースはどう考えればよいのだろうか。コラム1－2でも軽く触れたが、これは金融商品とその原材料との関係にかかわってくる。ここでの金融商品を借金（これを預金だとしよう）と考えた場合、原材料として仕入れているのが債券ということになる。原材料が、商品にうまくマッチしていれば、それらはセットで考えてよいので、ある意味で両者の価値を考えなくてもなんとかなる。一方、それらが完全にはマッチしていない場合、その誤差をきちんと把握しておく必要がある。なぜならば、そのマッチしていない状態こそが「リスク」だからである。

通常、必ずしも資産と負債をマッチさせた状態のみでもっているわけではない。そうなると、満期まで売らなくてよい状態だからといって、それを価値評価しないでよい、ということにはならないのである。むしろ、少なくとも内部的にはそのズレを認識し、リスクとして把握しておくことが望ましいリスク管理といえるだろう。

それを放置したままで許容すると、どのような問題が生じるか。代表的な事例が、コラム５－２で扱う生命保険会社の「逆ザヤ問題」である。

コラム５－２

生命保険負債の評価と逆ザヤ問題

生命保険会社の逆ザヤ問題という言葉を聞いたことがあるだろうか。生命保険協会が発行している『生命保険会社のディスクロージャー～虎の巻（2011年版）』によると、「かつてない超低金利が続く等の経済環境の変化により、予定利率により見込んでいる運用収益が実際の運用収支でまかなえない額が一部の契約で発生しており、これを『逆ざや』状態といいます。」とのことである。困った状態なのであるが、同じ虎の巻によると「他の利益で補われて」いるのだそうだ。

さて、いくつか気になることがある。まず、そもそも「逆ザヤ」という言葉自体が気になる方もいるかもしれない。「サヤ」は「鞘」とも書かれたりすることがあるので、刀の鞘（刀を入れておく筒状のもの）と何か関係あるのかと思われそうだが、どうも関係ないらしい。江戸時代の米相場で限月間の価格差を「差也」と表記したのが語源らしく、「鞘」は当て字だそうだ（そのためか、「虎の巻」ではひらがなで書かれている）。差がマイナスなので逆ザヤということになる。

さて、内容に入ろう。まず、「超低金利」になったのはつい最近のことではない。1990年代後半にゼロ金利となり、以降続いている。経済環境の変化が原因だとすると、現在（少なくとも2013年時点まで）はむしろ「超低金利」で経済環境が安定しているといえるのではないだろうか。となると、上記の説明はちょっと不思議な気もする。

次に出てくる気になる言葉は「予定利率」というものである。これは、「見込んでいる運用収益」を表しているようだが、誰がいつ、どのように見込んだのだろうか。これを理解するには、ざっと生命保険商品の概要、特に価格（＝保険料）の計算方法を理解しておく必要がある。

保険料などを計算するには保険数理と呼ばれる手法が必要で、その計算の専門家はアクチュアリーと呼ばれたりもすることから、かなり複雑なものであるに違いない、と思われた方もいるかもしれない。ただし、上記のカラクリを理解するだけであれば、それほど複雑なことはない。

生命保険商品も、基本的にはキャッシュフローのやりとりでしかない。死亡保険であれば、被保険者と呼ばれる人が死亡した際に保険金が支払われるというものである。保険でカバーする期間はいろいろと設定できるのだが、割と長い期間をカバーする商品も多い。いつ死亡するかはわからないのだが、たとえば「平均する（注1）と30年後に死亡する」ときに保険金がもらえる、ということになる。となると、それに対する保険料という意味では、「30年後に発生する保険金」と交換するのに適当と考えられる保険料ということになる。簡単に考えるため、保険金が100円だとすると（そんなに少ないことはありえないのだが）、「30年後の100円」がいまいくらかというのが保険料を考える基礎、わかりやすくいえば原価となる。

こうなると、あまり生命保険商品といった特殊性は関係なくなる。だいぶ先のキャッシュフローをもつ商品を販売したのであれば、どうすべきか。もちろん、そのキャッシュフローを穴埋めするために、頑張っていろいろな運用をする、という選択肢もないわけではないが、基本的には、その商品にあった原材料を仕入れるべき、と考えられる。

そこをもう少し深く考えてみるために、ちょっと特殊な事例として、ある蕎麦屋を考える。その蕎麦屋は完全予約制で、1週間後に蕎麦を食べたい人は事前に何杯食べるかも含め、予約する必要があり、しかも前金制であるとしよう。こんな蕎麦屋はみたことがないが、イメージできないわけではない。さて、ある日、1週間後の予約として蕎麦の代金10杯分が入ってきたとしよう。このとき、その売上げに対して蕎麦屋がとるべき行動は次のうちどれか（ここでは、蕎麦粉やその他原材料の鮮度などは考えないものとしよう）。

① 蕎麦に必要な材料（蕎麦粉など）を可能な限り早めに仕入れ、蕎麦粉などの値段が高騰するリスクを回避する
② この1週間のうち、いちばん蕎麦粉が安くなるタイミングを計って仕入れる
③ 1週間、そのお金で運用を行い、儲かったところで必要な材料を最後に仕入れる

ほかにも選択肢はあるのかもしれないが、どう思われるだろ

うか。うまくいけば得をするかもしれないので、②や③の選択肢をとることは絶対にダメだとはいわないが、本来は①の行動をとるべきなのではないだろうか。

やや脱線したので話をもどそう。いずれにせよ、そういう発想で（つまり現時点での原価を意識したうえで）保険料が決められていたのでは、と思いたいし、その際には原材料を仕入れなければならない、という意識もあったのでは、と願いたい。そう願いたいのだが、現実はそうではなかった。原材料については、多少は原価を意識していたということがあったのかもしれない。その際に、「将来のキャッシュフローをどのような金利で割り引くことで、保険料を決定するか」という指標に用いられていたのが「予定利率」というものである。

予定利率は、もちろん現在でも用いられている。簡単にいえば、保険商品において将来発生しうる期待キャッシュの出入りを割り引くことで、いくらの保険料であれば収支がトントンになる（注2）か、将来の支出のために保険会社はいくら手元に残しておくべきか（この額を責任準備金と呼ぶ）、を計算するための基礎となっている。

さて、この予定利率、商品販売時に確定したものをそのまま使い続けることとなっている。つまり、「販売時」において仮にこの予定利率が、原材料価格を加味してつくられていたとしても、時間経過とともに原材料価格が変わっても、それを評価する予定利率は変わらないということになる。ここに妙なカラクリが生じる。

もう少し具体的に説明しよう。1990年代前半、日本の金利もまだ高く、ゼロ金利ではない時代であった。その際、販売されていた保険商品の多くで、予定利率は5.5%であった。これは、虎の巻風に表現すれば「将来にわたり見込む運用収益が5.5%」と考えられるが、原材料の言葉でいえば、「この商品を販売した時点で、原材料の価値を勘案すると、将来キャッシュフローを5.5%で割り引くのが適当」ということになる。実際、それは適当だったのかもしれない。

しかしその後、金利が低下した。そのため、将来のキャッシュフローの現在価値は、本来ならば高くなってしまうはずであるが、この割り引く金利が大きいままなので、保険会社が「将来の支出のためにいくら手元に残しておくべきか（＝責任準備金)」を計算すると、それほど多くない額で大丈夫、ということになってしまったのだ。

もちろんそうはいっても、ちゃんと原材料を仕入れていれば、問題はなかったはずである。その原材料をどのように評価するかという問題は残るが、それは所詮（所詮といっては怒られるかもしれないが）貸借対照表上の話である。コラム５－１で述べたように、資産・負債ともに現時点の価値ベースで評価してもよいし、完全にマッチングしている（＝原材料をすべて手にできている）ならば、満期保有債券的な対応でもほぼ問題はないだろう。

ただし、現実はそうではなかった。1990年代の生保経営において、そうした視点をもっていたところはきわめて少なかった。その結果、保険負債の適正な価値、第５章の本文に出てきた言葉を借りれば、経済価値は上昇していたにもかかわらず、資産はそれに追いついていなかったのである。

経済価値ベースでみていれば、そのようすは金利が低下していた時期、すなわち1990年代後半に如実にみえていたはずである。しかし、「予定利率」と「(会計ベースの）運用利回り」という見方では、はっきりと、しかもタイムリーにその影響をみることができなかった。それでも、1990年代後半の金利低下、そしてゼロ金利への突入という変化は大きく生保経営に影響し、2000年前後に多くの日本の生命保険会社が破綻した。破綻した理由はさまざまである（注3）が、潜在的な影響（なぜ潜在的かというと、それが会計上など目にみえる形ではなかったからなのだが）として、「適切な原材料を仕入れなかったツケ」が回ってきた、ということは明らかである。

会計ベースでみた場合、超低金利時代になってからも、当然ながら予定利率は使い続けられた。もちろん、保険会社側も何の対策もしなかったわけではなく、新商品の予定利率は下げていったのだが、手元に残っている高予定利率商品の予定利率は変わらない。そして、それに必要な運用利回りは5.5%と相変わらず高いままである。表面的にはその差が「逆ザヤ」として、（すでにその原因が発覚したのはだいぶ前のことであるにもかかわらず）いまだに顕在化している、ということなのである。

第5章に書いた「ソルベンシー・マージン比率の算出基準等に関する検討チーム」において、リスク管理高度化のために経済価値の導入が必須という結論が出たのも、こうした「将来に禍根を残す」ようなことを回避するため、という思いが強かったのである。

（注1）　コラム1－2で述べたように、本当は期待値だけでは問題なのだが、ここではざっくりそれでよい、と仮定している。

（注2）　収支トントンでは困ると思われるかもしれないが、実際には将来のキャッシュフローを多少保守的に見込んでおり、そのベースでの収支をあわせる、ということをしている。これを「収支相等の原則」と呼んでいる。

（注3）　このあたりについては、本書執筆時点では筆者の会社の同僚でもある植村信保さんの著書『経営なき破綻――平成生保危機の真実』（日本経済新聞出版社、2008年）に詳しく記されているので、興味のある方は読んでいただきたい。

第 6 章

リスク管理の心構え

第5章で述べたように、リスク管理は多くの金融機関において行われているものの、まだまだ課題が多い。金融リスク管理の歴史もそれなりの長さがあるなかで、なかなか克服できない理由の1つとして、リスク管理のもつむずかしさがあげられる。リスクを計測すること、そして活用するということは決して簡単なことではない。

ルールややり方さえ守っていれば、正しいリスク管理が実践できるというものではない。なぜ、リスク管理をするのか、組織としてなぜやらねばならないのか、それが義務感でなく、むずかしさを理解したうえで、それでも社会のため[1]に必要だという強い気持ち、リスクという難解なものに挑むための心構えが必要ではないか、と考えている。第4章でも述べたが、リスク文化を形成するための、考え方のプリンシプルとでもいおうか。

そこで、本章では、リスクを計測し活用するうえで必要となる7つの心構えについて、思うところを書き進めることとしたい。リスクを管理することは、単にリスク管理という業務に携わる人だけの仕事ではない。この本のテーマである金融というものにかかわる人すべてにとって、重要なものだと考える。

1　ここで､社会のためというのは（あまり本書では説明していないが)、こうしたリスクをとる、つまりリスクを移転させることで世の中の経済活動などがより効率的に、円滑に行えるようにするといった使命をもっている、ということを指している。

1

心構え その1

原則を理解せよ！

７つの心構えの１番目として、「原則を理解せよ！」ということをあげたい。

リスク管理は、いろいろな意味で難解なプロセスである。多くの人にとって、ある資産のリスク量を計測するという手順１つとっても、そもそもその資産の価値はどう考えればよいか、どのようなデータを使っているのか、そのデータの意味は何か、それをどう加工しているのか、加工した結果からどうやってリスク量が決まっているのか等々、それらを把握するだけでも大変である。そのため、まずはいま、どのようなプロセスで計測が行われているかをとにかくひたすら追いかけて、その手順や手法を覚えることから始めることになる。

覚えること自体は悪いことではない。ただし、やみくもに目の前の手順だけを暗記することに終始して、その背景、すなわちなぜそのようにしているのかの意味や、後ほど述べるが「原則」について理解しようとする努力を怠ってしまってはならない。イメージでいうと、数学や物理などで、公式を必死で暗記するよりも、公式の意味を理解してそれを活用することが重要だ、というのに近いだろうか。リスク管理は数学や物理のような正解がないので、そこは誤解なきようにお願いしたいのだが。

もっとも、そうしたことを考えている時間は、実際に業務に組み込まれてしまうとほとんどないのかもしれない。仮にリスク管理部門における業務引継ぎを想像すると、そうでなくても忙しい引継ぎ作業時期に、「どうしてこのデータを使うのか？」「そもそもリスク量とは何か？」といった、根本的な質問を次から次へとすると嫌がられることが多い。また、引継ぎを行うほうもそうした根本的なことについて考えたことがない場合には、おそらくかなり適当な受け答えをすることになるのだが、引き継ぐ側も新しい話なので、それが「適切」なのか、いわゆる「いい加減」なのか、理解できないことが多い。

そうなると、話ばかりがややこしくなり、まずは最低限やらなければならないリスク計測手順の暗記部分も疎かになってしまうので、そうしたことは避けたほうが無難ということになり、質問はやめて淡々と説明を聞くことになる。こんな光景が、きっと多く繰り広げられていることだろう。第５章でも書いたが、まさに「実質」よりも「形式」が優先されてしまっているところである。

しかし、本来ならば、まずリスクを管理するということの大原則を理解するべきではないだろうか。では、そのリスク管理の「原則」とは何か。一言でいうのはきわめてむずかしいが、まずは、「本来ならば何を測るべきなのか？」を正しく認識し、「その理想と現実とのギャップの存在を認識すること」であろう。

第１章および第２章で触れたが、リスクを測るとは、本来であれば自分が保有している「価値」、言い換えれば将来得られる、もしくは支払うであろうキャッシュフローをなんらかの値に換算したものが、将来時間とともに変動してしまう、その変動がいまの時点ではどうなるかわからない、という状態を認識することである。

リスクを測るためにはその元になる価値の考え方が重要になる。その価値を考えるのがとても困難である。国際会計基準でも長い間もめているようだが、もめるのは当然であり、それは「より適切な」価値の把握にかかわるものだからである。また、会計基準になれば、それは「ルール」となってしまう。把握がむずかしいものをルール化すると、当然、実態をうまく表現できない部分が発生する（あるときはかなり理想に近くても、時間経過とともにずれてしまうこともある）。そのため、会計ルールにのっとったリスク管理を行っていると、本来みるべきものがみえなくなってしまう可能性がある。しかし、どのような価値を用いるにせよ、理想とのギャップが完全に排除できるというわけではない。

その把握が困難な価値の将来（すなわち未知の世界）における変動を認識すること、つまりリスクを計測することはさらに困難だ。人生はサイコロを振るようなものだといった表現もあるが、実際には、サイコロのように１～６の目のどれかが必ず出るとは限らないし、その確率もどうなるかわからないので、より複雑である。

それでも現実にはリスクを把握するために、なんらかのデータを用いて計算をしているのだが、そのなかにも当然、なんらかの理想とのギャップ、すなわち限界が存在する。ほとんどのリスク計測においては、「過去に起こったこと」が将来も起こるだろう、と仮定している。しかしながら、世の中、必ずしもそうとばかりは限らない。したがって、当然ながらどのような計算方法を選ぶにせよ、客観的な手法は存在しないということになる。どの計算方法にもなんらかの「主観」が入り込んでいるということも重要な原則である。「恣意性を排除してリスク計測をする」という表現をたまに見かけるが、それは残念ながら自己矛盾しているのである。

さらには、リスクをどのようにとるかについても「好み」という主観がどうしても入る、ということも重要な原則だろう。もちろん、世の中には「どのようなリスク配分とすればよいか」を最適化しようという試みや、ソフトウェアなども存在する。それらを否定するものではないが、その計算には多くの前提が入っている。その前提や、計算に使われているデータを選んだ背景などには、なんらかの理由がある。その理由を適切なものと信じ、それ以外の方法との違いも理解したうえで、そのモデルのアウトプットを受け入れるという覚悟を決めるならば、そうした方法を用いるのも悪くはない。しかし、そこには「そのモデルの前提や、採用されている背景、その弱点や課題なども、すべて受け入れるという覚悟を決める」という主観が入っているのだ、ということを忘れてはならない。

2 心構え その2
構造を理解せよ！

この数十年の間に、リスク管理はある意味で大きな進歩を遂げてきた。その1つに、やはり定量的な計測方法が定着してきたことがあげられよう。バリュー・アット・リスク（VaR）などという用語も、せいぜいここ20年程度の話なのだが、いまでは当たり前のように金融機関のディスクロージャー資料などに「一定期間・一定確率のもとで保有ポートフォリオが被りうる最大損失可能額」として掲載されている。多くのリスク管理の専門書も登場し、セミナーなどもよく行われている。

そこで出てくるのは、ある値（VaR値）である。しかしながら、数値だけをみる習慣がついてしまったために、いくつかの大事なことが抜け落ちがちになってしまっている。その1つが、その損失が発生した「構造」について考える機会がなくなってしまった、という点である。

ここでいう構造とは何か。これは、事後的に考えるとわかりやすい。株価が下落することによって損失を被ったとしよう。その場合、株価下落の背景（原因）となった事象をいろいろと考えるはずである。個別企業の場合で考えれば、同業他社の台頭、不祥事の発覚、新商品開発の遅れなどがあったかもしれないし、もしも株価全体が不振なのであれば、それは景気の問題や地政学的なリスクの顕在化などかもしれない。もっとも、新聞などで書かれている「原因」については、専門的な立場からみるとおかしいのではないかと思われることも多いので、そうしたものを鵜呑みにするのは危険であるが、いずれにせよ、因果関係というものはあるだろう。何の理由もなく、突然、損失だけが発生してほかには何にも影響を与えなかった、という形でリスクが顕在化するということはなかなか考えにくい。リスクの発生に影響を与えるさまざまな原因や背景などが、リスクの「構造」である。

事後的に発生した損失をみる場合、そうした「構造」を必ず（無意識にでも）考えることが多いはずだ。ところが、リスク管理上、計測されたVaR値、すなわち将来発生するかもしれないということを事前に想定して損失をみる際には、そうした「構造」をイメージしていないことが多い。リスク量を導き出すモデルにも、そうした「構造」が組み込まれていないことが多く、ほとんどのモデルにおいて、「理由はわからない（理由について何の想定もしていない）が、ある確率でこうした事象が起こる」という計算のみが行われている。当然ながら、値だけを眺めていても何か現実味がないというか、実感が湧かない。

リスク管理委員会で議論が発生せず、単なる報告の場になってしまっている、という声があるという話を第５章で紹介した。原因はいろいろあるだろうが、どういう経緯でそうした損失が発生するのかという構造に関する説明がないので、参加者は小説の結末だけを聞かされているような気分になってしまう。こうしたことも一因だろうと思われる。

もっとも、世界中のありとあらゆる現象を関連付けたモデルをつくるというのは、不可能とはいえないかもしれないが、きわめて非現実的である。しかも、リスク計測においては、将来のことを考えなければならないので、構造も将来どうなっているかを考えなければならないが、それが現在の構造と同じかどうかは誰にもわからない。

それでも、せめて構造について考える癖だけはつけるようにしたいものである。では、どうすればよいか。1つの方法としては、リスク量などを考える際に、「どういう経緯でそのような損失が発生するのか？」というストーリーを自分なりに考えてみる、つまり、構造に関する仮説を自分のなかで置いてみることだろう。

たとえば、1年後の株価がいまよりも30%下落する、というリスク事象を考える際に、その1年間にどのようなことが起こるのかについて、なるべく具体的に、いくつかの可能性を考えてみる。それぞれの可能性について、新聞ではどのような見出しが掲載されているのか、テレビではどのような内容のニュースが放映されているのか、その結果を受けて人々がどのような反応を示しているのか、それを受けて企業や政府はどのような対策を講じるのか、といったことまで想像してみる。

やや大げさにいえば、近未来経済小説でも書くような気分で構造を考えてみる、ということだろう。最初はなかなかうまくいかないだろうが、その理由は日頃そうしたことをあまり意識していないからである。現象が発生した背景や構造を意識するように心がければ、日頃の情報のとり方なども変わってくるはずである。

昨今、金融危機などを経て、リスク計測においてストレス・テストを行うことが重要だ、ということがよくいわれている。ストレス・テストの効用はいくつかあるといわれているが、個人的には、リスク計量においてどうしても忘れられがちなこうした「構造」を含めてリスクを考えるようになるということも、重要な効用の１つではないかと考えている。

そして、同じ「構造」という言葉だが、まったく別の観点として重要だと考えているのは、金融商品そのものの構造である。こちらは「価値」にも関連する話だ。金融商品というものは、将来キャッシュフローの組合せだけでできている。ある意味、商品の材料や加工という観点では決して複雑には感じられないのだが、そのキャッシュフローの発生頻度や発生額が不確定であることが多い。この部分が複雑さを生み出しているポイントなのである。どういう構造になっていて、だからこそこうした価値になっているということ、そしてどういう状況になったらその価値がどう変動しうるかということについて、把握しておくことが求められる。

コラム１－２でも説明したが、単純そうにみえる定期預金についても、真面目に考えるとさまざまな要因でキャッシュフローが変動しうる。その要因のなかには、買っている人（預金者）も気づいていないようなものも含まれている。「元本を保証する」という考え方から生み出されているものもある。その複雑な構造について、そもそも知らないのか、みないふりをするのか、わかってはいるものの仕方ないと諦めるか、なんらかの努力をするるか。そのどれがいちばんよい結果を生み出すのかはわからない。それでも、構造そのものを理解するという努力は必要なのではないだろうか。

3

心構え その3

限界を理解せよ！

価値やリスク量を導出する際には、多くの前提が内在している。導出された結果は、これらの前提に基づいた推定にすぎないので、当然ながら限界が存在する。ただ、いったん計算されて値として出てしまうと、この限界をすっかり忘れてしまうことが多い。

これはリスク管理に限った話ではない。事業計画など、さまざまな場面で起こりうることである。計画段階では、「たとえばこんな感じ」とか「これはこう仮置きして」といっていたにもかかわらず、数字として完成した段階でそれらは置き去りにされ、その数値が「完璧に正しいもの」として扱われる傾向がある。組織が大きくなればなるほど、かかわる人の数やその階層が多くなればなるほど、そうしたことがよく発生するように思われる。

「数字の独り歩き」という言葉を聞いたことがある方も多いのではないだろうか。一度つくりあげられた数値は、なぜか絶対的なものとして扱われてしまい、つくった人たちのなかにある（もしくはちゃんと説明をしている場合もあるのだが）仮定や前提などが置き去りにされてしまう。その結果、その前提が崩れ、数字とは違う結果が発生すると、仮にそれが前提の置き方いかんではありうる結果だったとしても、「聞いていない」「やり方が間違っていたのではないのか？」「誰が間違えたのか？」といった論争に発展してしまう。

リスク管理の場合、そもそも扱っている数値が「リスク量」という、めったに発生しないものを扱っているだけに、そこまでの議論に発展することは少ない。では限界はないのかというと、そうではない。むしろ、その計算方法や考え方がわかりにくいだけに、限界が置き去りにされ、「よくわからないが、きっと正しいのだろう」と、あいまいなまま納得して使ってしまっているケースが多く見受けられる。

実際にはリスク管理を考えるうえで、さまざまな限界がある。これをうまく理解しておかないと、どこかで認識がずれて、うまく活用できない、といった問題が生じることになりかねない。以下、いくつかの限界について考えてみよう。

限界の１つ目は、計測するうえでの限界である。将来、あるものの価格がどうなっているか、といったものを確率的に考えるので、そこにはおのずと限界がある。それについては第２章でも説明したとおりである。われわれが扱うリスクの多くは、「同じ条件で何度も繰り返し試す」ことができないので、「経験や知識」に基づいて推定するしかない。過去データがどんなにたくさんあったとしても、過去は必ずしも将来の鏡ではない。当然、ありとあらゆる想定や前提には限界が内在してしまう。この限界が「ある」ということを、常に認識する必要がある。

その一方、この「経験や知識」は別の意味での限界を生み出すことにもなりうる。それは、「経験していないこと」に対する感度の低さである。東日本大震災でも、さまざまな経験をし多くの知識をもっているはずの大人のほうが、津波に対する警戒心が低かった、という話を聞いた。大人には「そんなことが起こるはずがない」という油断が心のなかにあるということを指摘している人がいたが、なるほど、それはそのとおりだと思った。リスク管理においても、登場する数値は「100年に１度」「1,000年に１度」といったものであるが、これに実感をもてといわれても、まして数値だけではなかなか全員が同様にピンとくるものではない。このタイプの「限界」、すなわち経験したことのないリスクに対する認識の限界といったものも、人によって程度の差はあるのだが存在する。

そのほかにも、リスク量として選んだ指標に対する感じ方の「限界」（多くの人はリスク量を定めるとそれより悪いことは起こらないと思ってしまう）などもあげられよう。

感じ方に関する限界については簡単にはクリアできない。原則の理解や構造の理解といった、これまでの心構えが多くの人の共通認識になるということも求められよう。それでも、こうした感じ方に関する「限界」を１人の心のなかで突破することは容易ではないので、次の心構えが必要となる。

4 心構え その4
情報を「伝達」せよ！

ここまでに登場した3つの心構えを並べてみると、「原則を理解せよ！」「構造を理解せよ！」「限界を理解せよ！」と、理解ばかりを推し進めていた感がある。4つ目は少し切り口を変えて、「情報を『伝達』せよ！」という観点で進めてみる。その3までは、「理解」、すなわち、リスク管理にかかわる各個人としての心のもちようであったのだが、その4は、その人たち同士の情報の「伝達」についてである。

ここでいう「情報」とはもちろん、リスク管理に関連する情報である。リスクや価値について理解を深めるためには、さまざまな情報が必要となる。どのような情報が活用可能なのか、そこは判然としない。単に「リスク」そのものではなく、市場環境や競争環境、マクロ環境なども必要となるであろう。

一方、「伝達」にわざわざ「　」をつけているのには理由がある。ここでいう「伝達」とは、AさんからBさんに一方通行で情報が流れることを意味しているわけではなく、双方に情報が行き交うイメージである。英語でいってしまえば「コミュニケーション」ということなのだが、日本語に直そうと思うとなかなか適当な用語がない。この単語は、状況によって「会話」と訳されたり、「共感」になったり、「通信」となったりするのだが、そのすべてを簡潔に表す日本語が（少なくとも）筆者には思いつかない。そうはいっても、「情報をコミュニケーションせよ」では言葉の据わりが悪すぎるので、諦めて「伝達」という表現を使ってしまっている。

ちなみに情報をリスクと置き換え、伝達をコミュニケーションとすると、「リスク・コミュニケーション」という言葉になる。この言葉は聞いたことがある方もいるかもしれない。特に東日本大震災の後などには多くのところでみられるようになった言葉であり、インターネットで検索してもかなりのサイトがヒットする。

使われている分野も、原子力に関するもの、食の安全に関するもの、化学物質に関するものなど、いろいろな分野でみることができる。内容もなかなか興味深いので、ぜひ検索して眺めてみてもらいたい。

金融業界でこの用語が頻繁に使われだしたのは、割と最近である。そのきっかけはもちろん、あの金融危機であった。

金融危機以前、金融機関では、リスク管理を高度化させ、リスクに関するレポーティングなどはきちんと行われていた。にもかかわらず危機を防げなかったのはなぜかということで、金融危機以降、多くの分析や提言レポートが公表された。そのなかの多くが、「リスク・コミュニケーション」が不足していたことを原因の１つとしてあげている。

ここでいうコミュニケーションの不足とは何か。単にリスクレポートが間違っていたとか、リスクがあるのに隠されていたといった問題もないことはないのだが、それ以上に、伝えていた情報の質やその活用方法に問題があったといわれている。リスク管理が高度化するなかで、数値化されたリスク量という抽象的情報だけが独り歩きしていたケースや、それらの数値に対して正しい理解がないにもかかわらず、「専門部門がやっているのだから、きっと大丈夫だろう」と放置されていたケースなどが見受けられた。その一方で、日頃からリスク・コミュニケーションを積極的に行っていた企業では、情報や数値の微妙な変化に早くから気がつき、対策が打てたとも伝えられている。

ここから学べることがいくつかあると思われるが、１つには、リスクという複雑なものを扱うときに、一方的に「自分がわかっているから相手もわかるはずだ」という伝え方ではダメだ、ということがあげられる。相手がわかるように伝える、というのは小学校で習った気がするが、その基本をあらためて考えるべきだということが指摘されているのだ。

特に問題なのは、組織内での「伝達」である。日頃から顔をあわせている相手なので、きっと理解しているだろうとお互いが思い込んでしまう。その結果、言葉が表面を上滑りしてしまい、お互いにわかった気になるがまったく伝わっていない、ということが発生しうる。リスクという、把握がむずかしい概念の場合、特にそうしたことが発生することが多い。リスクというものだけを伝達するのは危ういので、その背景や構造も含めて共有化すべきであろう。

また、コミュニケーションのなかで、お互いに「気づき」が得られ、対策が打てるような柔軟性をもつことも求められよう。リスクとは複雑であり、ともすると専門家（部門）は自分が考えたストーリーを押しつけがちになる（そしてそれに反論されると感情的に拒絶してしまう）のだが、共有化を目指すためにも、粘り強く、お互いに（意見の違いはあってもそうした気づきを与えてくれることを）尊重し合うことが必要であろう。

さらに、コミュニケーションは、公式な会議の場だけでなく、日頃から行うということも重要であろう。他の部門や人々が通常どのようなことを行っていて、何を目指しているか、そうした理解があればこそ、いざというときに情報がより的確に認識され、生かされることになる。

なお、リスクの「伝達」は組織内部だけにとどまらない。リスクに関する情報を外部に提供していくことも求められている。ただし、ここには注意が必要である。組織内ではどうにか共有化できているような前提や考え方も、社外では通じないことが多い。また、リスクがある、ということを伝えること自体が、風評となってしまう危険性も存在している。ここでいう「伝達」、つまり双方向の議論ができないケースも多いので、なおさらである。それでも外部への「伝達」は重要であろうと筆者は考えているが、その程度や伝え方、伝達の相手などについては、よく考える必要がある。

5 心構え その5
現場を知れ！

リスクというものは、単に数字上の話ではない。社会的な現象が何か起こることによって、それらが損失を発生させる可能性のことを指しているのである。したがって、その現象、すなわち現場で何が起きているかを抜きにはリスクは語れないはずである。とある邦画の有名なセリフではないが、「リスクは会議室で起きているのではなく、現場で起きている」のである。

ではリスクの現場とは何か。これは、さまざまなところに広がっている。

例として、信用リスク、具体的にはある中小企業向け貸出を考えてみよう。リスク管理などの会議の資料上では、その企業に対して格付を付して、数値化して管理され議論されている。一方、現場は当然ながらその企業である。

現場の情報を定量的に把握する方法は、いくつかある。財務諸表など、貸出側に対して開示されている情報もその１つだ。もっとも、その情報が本当の実態をみせてくれているかどうかはよく見極める必要がある。そのなかには、粉飾といった意図的な改ざんによって企業実態がゆがめられているといったこともあるだろうが、その企業を理解するための情報が会計情報からではうまく取り出せないといったことも考えられる。

定量的という意味では、取引情報なども金融機関にとっては現場を知る参考になるはずである。この場合、詳しい取引の意図はわからないかもしれないが、数字自体には嘘はないだろう。特に、時系列的にデータをためていけば、なんらかの変化に気づくことが可能かもしれない。

さらに踏み込んで考えれば、現場に行かないとわからない定性的な情報もある。会社の雰囲気、社長が何を本当に考えているか、工場はきれいに整理整頓されているか、といった定性的な情報などが含まれるだろう。これも、時々観察していれば、わずかな変化にも気づくことができる。

信用リスクを把握するうえで、これらの情報がすべて役に立つかどうかはわからない。一般的に役に立つ可能性が高いものがあったとしても、それがこの企業で役に立つとは限らない。推理小説などであれば、小説のなかに出てくる情報にはほぼすべてに意味があるので、そこから推理していけばよいのだが、現実はそう単純ではない。役に立たない情報を集めるのは無駄、とも考えられる。ただし、何が無駄かはわからない。ではどうするか。

そのためには、やはり「現場を知る」必要がある。その企業にとって、何が変化するとその企業の存続にかかわるような事象につながりうるのか、そこを見極めるのは容易ではない。しかし、やはり現場を知らずして判断することはできない。ベテランの刑事ではないが、ある程度の無駄は覚悟して、さまざまな観点から情報を集め、まさに「足で稼ぐ」ことも必要になってくるのである。

１つの企業ですら見極めるのはむずかしいので、まして金利や株式市場全体となると、情報が複雑すぎて「現場」を把握することは不可能だと思えてしまう。考えても仕方がないので、結果として、マスコミの報道などを鵜呑みにしたくなってしまう。

これは、必ずしも悪いことばかりではない。短期的にみれば、市場は風評で動くことも多いので、自分がどう判断するかではなく、人がどの情報をみて動きそうかが結果に影響を与えうるとも考えられる。

ただし、中長期的にみた場合、もしくは、リスクが顕在化するといったレベルの変動でみた場合、やはりなんらかの大きな動きというものが現場で進行していることが多い。そうなるとある程度、現場をより深く知る必要が出てくる。自力では困難でも、専門家の意見などを参考にしながら考えてみることで、少しでも現場に近づけるであろうし、さらに欲をいえば、専門家がなぜそのような意見に至ったのかについて聞けるような機会があればよいだろう。

また、そうした現場に関する情報を得ることによって、その情報をほかに活用することも可能になってくるし、その状況に関する説明力も高めることができる。それを会議での説明に活用すれば、より現実味を帯びた議論ができるようになる。リスクにかかわる人がそれぞれ「現場」を理解しようという意欲があれば、なおさらであろう。

なお、こうした「現場を知る」という努力は、継続していかなければならない。一度把握してわかった気になっても、そのときに適用できたその企業（市場）に関する方程式が、いつまでも成立するとは限らない。世の中が変化していくなかで、どのように変わっていっているか、そういった点から継続的な分析を行っていくことが望まれる。

ちなみに、ネットなどの情報活用も決して悪いことではないが、情報の根拠がはっきりしないまま活用するのは危険である。どの情報がどのような根拠に基づいているのか、それは現場を知るのに適しているのか、といったことを常に意識しながら、原則としては現場主義を貫きながら効率的な情報収集をしていくことが求められよう。

6 心構え その6

想像力を働かせよ！

リスク管理の7つの心構え、その6は「想像力を働かせよ！」である。この心構えは、最初、筆者がこうしたことを考えていたときには入っていなかったのだが、あるセミナーにおいて心構えの話をしたところ、とある海外の高名な数学者から「あなたの心構えに『想像力』を加えたらよいのではないか」というコメントを頂戴した。なるほど、以下で述べるとおり、リスク管理のなかで想像力はきわめて重要であることから、そのアイデアをありがたく頂戴することとした。

さて、想像力、である。どう働かせればよいのだろうか。冷静に考えれば、日常生活であっても、リスクについて考え、把握するためには、単なる経験したことだけではなく、想像力もきわめて重要なはず、と答える人は多いだろう。ただし、普段はどうしても、「いつも発生していること」「経験したこと」だけに目が行きがちになってしまう。少し前の（いや、いまでもそうか）の流行語ではないが、「想定外」という用語は、そうしたところから生じるものである。

リスク管理の世界でも、リスクを取り扱うのだから、めったには起きそうにないが起こりうることについて気を配る必要があり、その意味では（必ずしも過去の経験どおりとはいかないこともあるので）想像力も大事である。ところが、業務として扱っていると、まして複雑な計算プロセスを経て出てきた数値を扱うとなると、そこには想像力の入り込む隙間がなくなってしまう。

特に数値は厄介である。数字の独り歩きという言葉がある、という話はすでに述べたが、よいほうにとらえれば説得力がある数値も、場合によってはそこで思考停止に陥ってしまう危険性がある。思考が停止するということは、想像力の入る隙間がないことを意味している。

2008年のリーマンショック後、リスク管理に関する課題が指摘されたが、そのうちの１つが「想像力」の活用であった。もっとも、そう呼んだのではあまり格好がよくないと考えたのかどうかはわからないが、異なる用語で呼ばれている。それが「フォワード・ルッキング」である。

フォワード・ルッキング、直訳すれば「前向きな考え」とか「将来を考慮した」といった意味になる。ここでは、どちらかといえば後者の意味で用いられているのだが、もう少し踏み込んで「過去の経験に基づく（＝バックワード・ルッキング）手法」の反対語である、という語感が強い。

この言葉がリスク管理のなかでいつ登場したかは定かではないが、リーマンショック後という意味では、バーゼル銀行監督委員会が公表したストレス・テストに関するペーパーのなかで登場する。

このペーパーの主旨をかなり大雑把にいってしまえば、定量的なリスク管理などを補完するために、ストレス・テストを実施すべき、ということである。ストレス・テストとは、あるストレス的な事象（一般にシナリオと呼ばれる）を考えて、そのもとでどのような損失が発生するかを分析・検討するというテストであり、目的は、その事象が本当に発生した場合に、金融機関はどのような状態になるか、その際、どのようなことを決断しなければならないか、どのような対応策が可能か、といったことを考える（さらには本当に発生したらその対応策を実行することを組織決定しておく）ことにある。その意味で、ストレス・シナリオをどう設定するかが重要となる。ストレス・テスト自体は金融のリスク管理では従来から行われていたのだが、どうしてもそこで用いられているシナリオが、過去に発生したシナリオであったり、一律の（特に根拠はない）シナリオだったりということで、それだけではあまり実効的ではない、といわれている。

では、そのシナリオをどのように設定すればよいというのだろうか。バーゼル銀行監督委員会のペーパーで強調されていることの１つが、「フォワード・ルッキングなシナリオを活用せよ！」ということである。たしかに、過去データを用いたバックワードなシナリオでは、過去の経験にしか学べない、というのはわかる。では、フォワード・ルッキングに行うにはどうすればよいかというと、このペーパーには「柔軟且つ想像力をもって行われるべき」と書かれている。また、「『想像力の欠如』は……（中略）……銀行の強靭性に関する誤った安心感を招くかもしれない」といった指摘もなされている。想像力が重要ということだ。

ただし、これまた言うは易しで、実際に想像力を働かせてシナリオをつくるのは容易ではない。自分１人で適当に考えてよいのであれば、ある程度はできるかもしれないが、組織のなかで実行するとなると難題である。

では、どうすればよいか。１つには、さまざまな立場や見方をもった人たちとの対話（コミュニケーション）を増やすことであろう。想像力の世界に、当然ながら絶対の正解はない。それでも、３人寄れば、ではないが、そうした機会によってみえてくるものはある。想像力から生まれたシナリオに反対する人もいるだろう。それはかまわない。全員が納得するほうが不気味である。

一般には、試験のような「客観的正解」があると思い込んでしまい、意見が割れるような中身は使いにくいと思いがちである。ましてや、リスク管理はとても定量的なツールが多いので、その計算方法が正しければ客観的な解が得られ、それは正しいものだと思いがちである。しかし、過去の教訓は想像力の活用の重要性を示唆している。もちろん、定量的なリスク管理を手放して、後戻りしてはならないのだが、そこに想像力を使う、という努力や意識を日頃から心がけることが重要である。

さらに、想像力を推し進めるという意味では、「心構え　その２・構造を理解せよ！」でも記したが、「近未来経済小説」のようなものを書くとしたら、どんな背景を考えるだろうか、といったことを試してみてもよいかもしれない。実際に書くことはむずかしいかもしれないが、書くことを想像してみると、少なくとも、単にこんなことが起こったら、というだけでは書けない、ということがわかるだろう。せめて、どういう背景でそういうことが発生したのかということや、それが次にどのようなことにつながっていくのかという、連鎖的な事象についても考えを及ぼしておく必要がある。そうしたことを想像しておくことも重要だろう。

7

心構え その7

常識と「うまく」付き合え！

最後の心構えは、「常識と『うまく』付き合え！」である。

常識とは何だろうか。社会一般的に共通に認識されている、普通の意見や知識といったものが想起される（ここでいう「普通」とは何か、というのもはっきりしないが）。よい意味でとらえれば、先人たちの知見や知恵などが凝縮されたものが「常識」となっているケースが多く、その意味では常識には従っておくほうがよいようにも思われる。その一方、「常識に囚《とら》われる」といった意味合いで用いられることも多い。時代が変わったり、状況が大きく変わったりした場合には、時としてそれまでの「常識」が通じない世界が発生しうる。

これまでの常識が非常識になった（かもしれない）事例として、食べ方について気になっていることがある。最近、「食べる順番ダイエット」と称するものがはやっているようである。まずは野菜を食べる、ということらしい。実際、筆者も時々そんなことをしてみるのだが、一方で、筆者が子どもの頃に習った「三角食べ（おかず、ごはん、汁物などを均等に順番に食べていくこと）」は常識ではなくなってしまったのだろうか。いわゆる「ばっか食い」が許容されていることに、少し違和感を覚えつつも、常識の不思議さ（なぜ三角食べが常識だったのか？）を感じる。

また、それ以上の問題として、本当に皆が「常識」を共有化できているかも怪しいことが多い。常識は明文化されていないことが多いので、日頃は「当たり前」と思ってやっていることも、他人にとっては「それは常識ではない」と思われている（が、特に害はないので普段は放置されている）こともあったりするのではないだろうか。これまた余談だが、ネット社会のなかで、「こういうときは返信するのが常識」とか、「こういう情報を誰かに伝えるときは事前に伝えるのが常識」とかいったことが飛び交い、結果として大もめにもめる（ネットの世界では「炎上」というらしいが）ことも多くみられる。

リスク管理においても同様で、リスク管理の世界で「常識」といわれている、もしくは各自が暗黙に常識だと考えていることを毎日毎日、どれもこれも疑っていたのでは仕事にならない。いろいろな過去の経験をもとに構築されたものなので、それなりに意味はあるはずだろうと考えられる。素直に従っておいたほうがよいことも多いし効率的だ。ただし、リスク管理の世界の今日の「常識」は明日の「非常識」になってしまうこともある。金融危機などでは、そうしたことを痛いほどに経験してきた。その際、従来の常識に囚われてしまうと、どうしても次の対応が後手後手に回ってしまう。早い段階で見切りをつけなければならない。

また、問題が発生すると、何を「常識」として考えていたのかが、よくわからなくなってしまうことがある。常識が共有化されていないために、問題が発生してはじめて、「もともとそういう考えはおかしいと思っていた」という人が現れたりすることも多い。会議の場ではいわなかったが、それがおかしいということくらい、皆わかっていたのではないか、というわけだ。だったらいってくれよ、と思ってしまうこともあるが、「そんなのはいわなくても常識だろ！」といわれてしまったりする。ここでも常識とは「うまく」付き合っていくべきであり、それを信じるときも、また、それを疑うときも、常に逆の可能性を少し意識しておくことが求められよう。また、何を根拠にそうした行動をしているのか、という「常識」の共有化を図り、日常から意識合わせをしておくことも必要である。

「常識」とはやや異なる話だが、「直感」というのも似たような雰囲気をもっている。直感を信じて進めるときもあるし、悩むよりもそのほうがよい、ということもある。一方、時として直感に反することが世の中では起こる。日頃は直感で判断していても、誰も困らなければそのまま進めるのだが、いざ大事になると、各自の直感が異なってきて動けなくなるというケースもある。「直感」についても、適度に付き合いながらも、信じ込みすぎない、でも、ある程度は信用する、というバランス感覚が必要になる。

筆者が大学院に通っていたときに、「直感を活用しろ」と「世の中には直感に反することもある」ということを同時に教わってびっくりしたことがある。直感に反する、については、こんな具体的な問題が出された。

「仮に二酸化炭素が地球温暖化に影響を与えているとしよう

(その真偽はここでは問わない)。では、なんらかの工夫によって、二酸化炭素の排出をゼロに抑えることができたら、その後、地球の平均気温はどうなるか？」

さて、皆さんはどう考えるだろうか。直感的には平均気温は下がるように思われる。ちょっとひねくれて、「いやいや、それはその年の天候いかん」といった回答もありそうだが、この問題はそうしたことは考えていない。正解は「しばらくは上がり続け、その後低下する」である。なぜか。地球温暖化に影響を与えているのは、二酸化炭素の排出量ではなく、濃度の問題である。これまで温暖化が進んでいたということは、その時点の濃度は「地球の気温が上がるレベル」だったことになる。二酸化炭素の排出量をゼロにすれば、濃度自体は年々下がっていくだろうが、「地球の気温が上がるレベル」よりも下回らない限りは、地球の気温低下には貢献しない、というわけだ。

さて、常識も直感も、単に自分の意識のなかだけで制御するのは不可能に近い。自分が何を「常識」、すなわち当たり前、と思っているのか。何か発生したときに、自分の「直感」はどう感じるかについて、意識していないことも多いからである。ではどうすればよいか。まして組織においては、他のメンバーの常識や直感も共有化し、「うまく付き合う」必要がある。

それについて、これ、という正解があるわけではない。あえていえば、常識や直感が内包する「原則」や「構造」や「限界」を把握しようとしながら、多くの人たちとの意見交換、「コミュニケーション」をとり、自分の考え方を磨いていく必要がある。そのためには「現場」を理解することが重要であり、また、「想像力」を働かせながら活用していく必要がある。そうすることで、徐々に「常識」や「直感」とうまく付き合うことができるようになってくる。とにかく考えて、そして実践していくこと、これしかない。

ということで、７つの心構えをフル活用して、リスクというとても厄介な存在に対して立ち向かっていくことが求められる、ということを本章の結論としたい。

おわりに――リスク教育のススメ

「はじめに」でも書いたとおり、本書ではリスク管理の「ゼロ」、すなわち原点、言い換えれば原則的な考え方を示そうという意図で書かれている。本書で書かれていることのほとんどすべては、筆者が個人的に発見したものでも、１人で勝手に考えているものでもない。筆者自身も、さまざまな機会で学び、経験し、教訓として培ってきたことである。もちろん、実務やコンサルティングという業務から得られていることも多いのだが、それ以上に、「課外授業」で学んできたことも多い。

筆者が本書執筆（2013年）時点で共同代表を務めている、東京リスクマネジャー懇談会（TRMA）もその１つだ。セミナーなどを通じ、多くの勉強をさせてもらっているのもそれに含まれるのだが、それ以上に有益だと考えているのが、セミナーやステアリングコミッティー会議（企画会議のようなもの）等が終了した後の２次会である。簡単にいえば飲み会であって、馬鹿話だけに終始することもあるのだが、リスクマネジャーの本音や、なかなか形にしにくい議論（セミナーの資料には書きにくい裏話）が数多く聞けたりする。その有益さを感じているのは筆者だけではないようで、昨年、TRMAで作成したTRMA10周年記念誌（TRMA会員の方はウェブページから閲覧可能である）にも、多くの執筆者が２次会の有用性（楽しさ？）を記述していた。

TRMA以外でも、勉強会の後や、リスクマネジャー同士の単なる懇親の場などの機会に数多く恵まれてきた。そのなかで、リスク管理の、特に本書第５章で述べたリスク管理の現状における課題に関連する議論になるときに、よく出てくる話がある。それは「リスク教育って必要なのではないか」という話だ。簡単にいえばこんな論旨である。

・リスク管理には正解はない。でもどうしても組織に属しているなかで皆が「正解」と納得しやすいものを求めてしまう。
・やはり学校の勉強や受験戦争で「正解」がある問題を解き、それができた人が褒められる、という経験を積んだからではないのか。
・やはり、小学校の頃くらいから、リスクについて考え、正解のない問題を解くこと、すなわちリスク教育って必要なのではないか。

この手の話、まさにセミナー資料などには落としにくい話であり、本書でも、本編では書きにくかったので、「おわりに」にかえて、簡単にこの話、つまり「リスク教育のススメ」について少し考えてみることとしたい。

リスク教育とはどのようなものだろうか。これを普通の授業にするというのはなかなかむずかしそうだ。一般の人がイメージするリスク教育というと、こういうことをすると危ない、ということを教えるような授業かもしれない。例をあげれば、携帯電話の使い方やインターネットの使い方、といったものだろうか。これは本書で考えているリスク教育とは少し異なる。それは、一般に授業で教えようとする「リスク」という言葉や概念が主として「危険性」という観点でとらえられており、どうすれば回避できるか、というモラル向上が中心となっているという点だ。一方で、本書流（？）にインターネットを題材にしたリスク教育というものを考えるとすると、次のようになるだろうか。

・インターネットを使うことによるメリットとデメリットを洗い出す
・そのメリットとデメリットをなんらかの形で比較する
・そのうえで、どの程度のリスクをとりたいか（インターネットに対するリスクの選好）を決める
・実際にインターネットを活用する
・その成果を確認する
・そのうえで、得られた成果等をもとにリスクに対する考え方を再確認し、さらにインターネットの環境変化や状況などもきちんと見極めたうえで、必要があれば自らのリスク選好を修正する

インターネットの場合、まずは最初のステップ、つまりリスク（メリットとデメリット）の洗い出しと、次のステップ、メリットとデメリットの比較、というものが重要になるだろう。デメリットだけでなく、メリットも（単なる楽しい、といったものだけではなく、実益とは何か、といったものも含めて）きちんと考えなければならない。また、なぜそのようなメリットが（表

面的には低コストで）得られるのか、という費用対効果も考える必要がある。

これらを理解するうえでは、なぜこうしたサービス（ビジネス）が存在するのか、という観点も考えなければならない。一般的に行われているインターネットに対するモラル向上を目指したリスク教育などと似ている内容も出てくるかもしれないが、大きく違う部分として、最後に「自分でどのようにコントロールするか（管理するか）を考えて決める」というところに特徴がある。

小学生に対して、「自ら決める」ということを課すのは無理ではないか、といった声もあるかもしれない。しかし、正解のない問題というなかでは、最後は考えて自分で決めなければならない。そして、世の中にある多くの問題は本当に正解がないのだ。その意味では、少しでもそうした考え方に慣れていく必要があるし、それは決して無理ではないと思う。個人的なことで恐縮だが、筆者の娘２人が通った小学校では、学校の教育目標というものがいくつかあり、その１つ（重点目標）が「よく考えて　実行する子」となっている。まさに自ら決めることを目標に掲げているのだ。また、同じ学校で避難訓練をやっていたときに、そのときの校長先生に「避難訓練では、どうやって動けばよいかを子どもたちに教えるのが大事なのですか」と聞いたところ、意外にも「それも大事だが、本当はそれ以上に、いざというときにどういうことを考えて行動すべきかを子どもたちに判断する力をつけさせたい。避難訓練とは違う状況で災害にあう可能性もおおいにあるのだから」というお答えを頂いた。その力強いお答えに、とてもうれしくなったのをよく覚えている。

災害という言葉が出たが、それも１つのリスク教育の題材だろう。2011年３月に起きた東日本大震災のときにも、リスクという観点でいくつかの教訓を残した。そのなかの１つに「安全神話」がある。本来、絶対安全であるべき原子力発電所の神話が崩壊した、というような論調であったのだと思うのだが、そもそも「絶対安全」というものがありうるのだろうか。その考え方自体が間違っていたのではないだろうか。そう考えると、私たちは日常、本来ならば絶対ではない安全を絶対と思い込んで生きていることがとても多い。厳密にいうと、世の中には「絶対」というものはほぼ存在しないといってもよいだろう。しかしながら、わかりやすさを優先させてなのか、それとも不安になることなく気持ちよく生活してほしいからか、こうした議論が学校でなされることは少ないように思われる。

昔みたテレビドラマのなかで、高校説明会のシーンがあった。親が熱心に学校の話を聞こうとしているのに子ども（中学生）は熱心でない。なぜそうなのかと高校の教師から問われたときに、１人の女子高生が「いつか親がいなくなり、自分を自分で守らなければならない、という自覚がないからでは」というようなことを答えたのが強烈な印象として残っている。そうしたことも世の中では発生しうる。安全・安心、何の心配もいらない、絶対誰かがなんとかしてくれる、といったことは、日本という国の強みであり、素晴らしさでもあるのだが、頼り切ってしまうと肝心のリスクに対する考え方、すなわちリスク文化が欠落してしまうのが気がかりである。その結果、一度それが裏返ると「神話は崩壊し、まったく信用ならない」という極端な考え方になってしまう。

個人的には原子力発電所や放射能のリスク等について語れるほどの専門知識は持ち合わせていないので、ここでは触れないが、中西準子著『リスクと向きあう――福島原発事故以後』(中央公論新社、2012年)を読んで、とても勉強になった。内容もそうなのであるが、それ以上に共感したのが、中西さんのリスクに対する向き合い方である。環境リスクに向き合うには、価値という考えやリスクを測るうえでの指標が複雑になることから、金融リスクよりもはるかにむずかしい。そのなかで、リスクの大きさや比較についてどのように考えるべきか、1つのリスクを減らすと他のリスクが顕在化してくる可能性があり、そのバランスをどうとるべきか、といったことについて、中西さん自身も専門家として悩んでいるといいながらもわかりやすく書かれている。こうしたものを教材にして、リスクについて子どもたちが学び、考えてもらえれば、と思う。

リスク教育は何も小学生や中学生に限らない。むしろ、社会人などのほうが必要かもしれない。学校ではそれはできないかもしれないが、学校に対して必要以上に「安全安心」を絶対的に求める親に対しても、本当はリスク教育があるべきではないか、と思わされることもしばしばある。これまた個人的な経験で恐縮だが、娘２人が通っていた幼稚園は、山の中にある幼稚園だった。そこでは、もしかしたらマムシなども出るかもしれないのだが、その幼稚園の対策は「どの病院に連れて行けば血清があるかは調べてある」というものであった。つまり咬まれるかもしれないし、それは先生では100%防げない、と宣言しているのである。こうした考え方をきちんと伝えることはとても重要なことだと思った。

ただし、一般的にはなかなかこうはいかない。そのために、学校も親への対応が大変だろうと思う。学校で少しでもケガをしたら学校の責任といったことに発展する。しかし、ケガを100%防ぐことは生活をしているうえで不可能である。その場がたまたま学校だったか、家だったかの差でしかない。管理不行き届きなどという言葉があるが、そもそも100%ケガを起こさせないような管理なんてありえないのだ。そうした意思疎通のなさが、先生方に過剰な業務を課しているようにも思える。ここでも学校と親、さらにいえば地域も含めてリスク文化が醸成されていれば、と思ってしまう。

まとめると、リスク教育とは、正解のない問題（＝世の中のほぼすべての問題）について、さまざまな経験を積み、多くの人と議論をしたりするなかで、自分なりの考えのもとで判断して行動する、という行動様式を身に付けてもらうための教育だと考えている。授業だけではない。スポーツなどもそうしたことを学ぶ重要な機会だろう。さらには、家族の会話、友達との会話、さまざまな機会のなかで、こうした考え方が醸成されて、絶対はないなかで悩みながら判断していく訓練が身に付いていくことを切に願っている。

■著者略歴■

森本　祐司（もりもと　ゆうじ）

キャピタスコンサルティング株式会社代表取締役
1989年東京大学理学部数学科卒業、東京海上火災保険（現・東京海上日動火災保険）入社。その後、モルガン・スタンレー証券等を経て、2007年1月にキャピタスコンサルティング株式会社を共同設立し代表取締役に就任。東京大学経済学部非常勤講師、東京工業大学大学院イノベーションマネジメント研究科客員教授等も務める。マサチューセッツ工科大学経営大学院修了。日本保険・年金リスク学会理事。国際アクチュアリー会ASTIN委員。東京リスクマネジャー懇談会共同代表。
著書として、『【全体最適】の保険ALM』『【全体最適】の銀行ALM』『金融リスクマネジメントバイブル』（いずれも共著・金融財政事情研究会）。

KINZAIバリュー叢書
ゼロからわかる 金融リスク管理

平成26年2月19日　第1刷発行

著　者　森　本　祐　司
発行者　倉　田　　勲
印刷所　株式会社日本制作センター

〒160-8520　東京都新宿区南元町19
発　行　所　**一般社団法人 金融財政事情研究会**
編　集　部　TEL 03(3355)2251　FAX 03(3357)7416
販　　　売　**株式会社 き　ん　ざ　い**
販売受付　TEL 03(3358)2891　FAX 03(3358)0037
URL http://www.kinzai.jp/

ISBN978-4-322-12385-2